DECIPHERING SCIENCE SERIES
破译科学系列

王志艳◎编著

揭秘地球
宝藏之谜

科学是永无止境的
它是个永恒之谜
科学的真理源自不懈的探索与追求
只有努力找出真相，才能还原科学本身

延边大学出版社

图书在版编目（CIP）数据

揭秘地球宝藏之谜 / 王志艳编著．—延吉：延边大学出版社，2012.6（2021.6 重印）
（破译科学系列）
ISBN 978-7-5634-4940-8

Ⅰ．①揭…　Ⅱ．①王…　Ⅲ．①历史文物—世界—普及读物　Ⅳ．①K86-49

中国版本图书馆 CIP 数据核字 (2012) 第 135253 号

揭秘地球宝藏之谜

编　　著：王志艳
责任编辑：李东哲
封面设计：映像视觉
出版发行：延边大学出版社
社　　址：吉林省延吉市公园路 977 号　邮编：133002
电　　话：0433-2732435　传真：0433-2732434
网　　址：http://www.ydcbs.com
印　　刷：永清县晔盛亚胶印有限公司
开　　本：16K　165×230 毫米
印　　张：12 印张
字　　数：200 千字
版　　次：2012 年 6 月第 1 版
印　　次：2021 年 6 月第 3 次印刷
书　　号：ISBN 978-7-5634-4940-8
定　　价：38.00 元

前言 Foreword

“宝藏”，这个充满神秘与奇异色彩的字眼，自古以来不知吸引了多少人去为之冒险，为之探求，为之付出巨大的时间精力乃至生命的代价。它能够刺激起人的贪欲，令人热血沸腾。有的宝藏点燃了战火，有的推动了新王国的诞生，有的却带来了悲剧和死亡……从童话故事到历史史实，有多少关于宝藏的故事和传说。

当历史的喧嚣渐渐远去，那久远的关于宝藏的故事也蒙上了一层神秘的尘埃。人类与生俱来的好奇心和对珍宝的执著追求促使人们拨开层层记忆，去追寻那消逝千年的点点金光。一旦踏上迢迢寻宝路，不免会感叹造化弄人，神明不佑。那形神微露的珍宝如同昙花一现，带来的是更多的惆怅，甚至是千年的诅咒。当有一天它们终于揭开神秘的面纱，人们在窥探它们飞扬神采的背后，感受更多的则是一段段宝藏的神话。

编辑此书，就是为了回答人们对许多宝藏传说的探求的疑问。项羽的宝藏流落何方？克里姆林宫的地下深藏着什么样的皇家秘密？黄金船因何失踪？“阿波丸”为什么命贵运蹇？慈禧的满棺珍宝流向何处 ?为什么其貌不扬的日本赤城山有“金库”之誉？“希望”之钻花落谁家？隆美尔巨额黄金是怎么回事？沙皇黄金流落何处？法国海盗流传下来的神秘藏宝图 ……这些曾经令人猜测探寻的秘密，不仅能够满足你的好奇心，而且从中学到不少的历史知识。

本书将带领青少年读者走入一个个充满神秘的世界，探索世界宝藏之谜。

本书在编写过程中，参考了大量相关著述，在此谨致诚挚谢意。对书中存在的纰漏和不成熟之处，恳请各界人士予以批评指正，以利再版时修正。

NE
SE
SW
NW

目录
CONTENTS

死于新婚之夜的匈奴王宝藏之谜

在欧亚大陆北部广袤的草原上生活着一个游牧民族——匈奴人。他们自公元370年侵入欧洲东南部，在七十余年间以旋风般的速度劫掠了几乎整个欧洲，并建立起一个庞大的军事政权。

4世纪中叶，原在中亚大草原一带出没的匈奴人在伏尔加河外出现，首先征服伏尔加河和顿河之间的阿兰人，然后大举向东哥特人的领发起进攻，一举推翻了东哥特人在顿河和德涅斯河之间建立的帝国。约376年，他们击败居住在现罗马尼亚一带的哥特人，到达罗马帝国的多消河边界，由此拉开了中古欧洲史上持续了二百多年的民族大迁徙的序幕。

匈奴人似乎个个是天生的骑兵，他们常年橡胶一样粘在马背上，酷爱骑马打仗。匈奴人的骑战具有高度的机动灵活性，经常像旋风般吹来，转眼就席卷而去。凡是被他们的铁蹄践踏过的地方，必定留下一片废墟，大量人口被杀，财物被劫夺一空。

匈奴人到来之前，东哥特人从未和骑兵交过战，也没见过如此迅猛的攻势。在匈奴骑兵排山倒海的打击下，东哥特人落花流水般地向西逃窜直至多瑙河边。为了寻找新的生存空间，这些逃亡者又沿途打击西哥特人的部落，把他们连根拔起，驱赶到更向西的地方。

很快，在西哥特人逃窜的路线上，汪达尔人、法兰克人、勃艮第人、盎格鲁撒克逊人像滚动的雪球，接连不断地向西涌去。匈奴人的进攻几乎把所有的日耳曼部落都给驱动起来。

在匈奴人的攻击下，大量日耳曼人蜂拥逃向西方，以期在罗马帝国境内寻求庇护。西哥特人后来经罗马皇帝瓦伦斯的允许越过多瑙河进入罗马帝国境内的色雷斯一带避难。令罗马人懊悔不已的是，这些涌入的西哥特人对罗

△ 匈奴王阿提拉

马造成很多不安定因素和隐患，也为后来的罗马帝国灭亡埋下了祸根。

匈奴人在给予欧洲第一次沉重打击之后，便停留在多瑙河沿岸一带，以匈牙利平原为中心，在中欧地区建立了一个匈奴帝国。入侵欧洲的匈奴王是阿提拉，他是匈奴最伟大的统治者。阿提拉时期的匈奴帝国是匈奴征服史上最辉煌的篇章。

公元432年，各匈奴部族的领导权集中在鲁奥的手里，公元434年，鲁奥死后，他的侄子阿提拉击败了其长子布莱达，继任匈奴最高统治者。

据历史记载，阿提拉虽表面粗野，而内心却被多年的外交、政治和军事角逐磨炼得十分细腻。阿提拉为人狡诈，野心勃勃，其残暴凶狠程度使整个欧洲都在他面前发抖。他的兵锋杀到哪里，哪里就意味血流成河。欧洲人称其为“皇帝的鞭子”，把他看成是专门来惩罚人类的煞星。

公元441年，阿提拉对巴尔干半岛东部实施了一系列致命的打击，匈奴人摧毁了多瑙河畔的许多城市。数年之后，当罗马使者经过此地时，仍可见岸边累累白骨，城内尸臭熏天。此后，高卢地区许多城市都未能免遭厄运。他们侵占了多瑙河地区之后，于公元442年被著名的东罗马将军阿斯帕尔阻挡在色雷斯一带。

公元443年阿提拉再次发起进攻，长驱直入帝国腹地，击溃了东罗马帝国的主力军，兵锋指向君士坦丁堡。东罗马帝国在万般无奈之下与阿提拉订立和约，阿提拉强迫东罗马帝国支付6000磅黄金，并将每年要缴纳的贡金增加两倍以上，即以后每年向匈奴人纳贡2100磅黄金。

公元445年，阿提拉害死兄长布莱达，成为匈奴帝国的独裁君主，并继续他的侵略计划。

阿提拉在连年征战中，每踏平一个城市，都要抢掠大批的金银财宝。至公元5世纪中叶，匈奴帝国已成为横跨欧亚两洲的当时世界上最豪富的大帝国，匈奴王阿提拉也是世界上拥有最大权势与最多财富的人。有人统计，在这几十年里，仅东罗马上贡给匈奴王的黄金就多达21000磅之多。由于匈奴人一直保持着游牧民族的习惯，不事建筑，没有更多的开支，而阿提拉又有收藏珍宝的嗜好，因此匈奴人从各地掠夺来的金银和珍宝大多保持着原有的形态。“匈奴王的珍宝”早已是闻名于世的一笔巨大财富，而且阿提拉厉行严酷的专制制度，其臣民稍有不合其意者即遭严惩。因此在匈奴王国内部，他的珍宝除他本人和极少数亲信之外，根本无人敢过问，更无人知晓其所在。

然而，令人难以置信的是，一年之后，阿提拉在新婚之夜突然死去，据说是来自东罗马的新娘给他暗下了毒药。他死之后，匈奴人把所有参与埋葬阿提拉遗体和宝藏的工人全部处死，没有给后世留下一个活口。世人都不知道阿提拉的坟墓在什么地方，也不知道他那巨额的珍宝到底藏在哪里。

此后匈奴帝国一蹶不振，渐渐沦落灭亡。但是，一个有关阿提拉的陵墓和宝藏的故事却渐渐流传开来。人们传说，在东欧平原的某个不为人知的偏僻山区，隐藏着阿提拉的秘密墓穴，而举世闻名的匈奴王的宝藏，就埋藏在那地下墓穴之中。但是，它又埋藏在哪儿呢？这一个又一个谜团还有待学者去揭秘、探寻。

神秘的“玛迪亚”号沉船宝藏之谜

1907年，一位希腊的海绵打捞工人，在北非突尼斯东部的玛迪亚海的水深40米的海底，看到了像军舰大炮样子的沉积物。从此开始，潜水工人们又在附近海底发现了很多双耳陶瓶和青铜制品的碎片。打捞上来的文物向当时法属突尼斯的海军司令官杰·拜姆海军大将做了报告并将其移交给官方，拜姆动员了潜水员进行调查。其结果证明被看成海底大炮的沉积物并不是大炮，而是希腊浮雕的大理石伊奥尼亚式圆柱。

这一发现几乎在欧洲的学术界引起了极大的轰动，为20世纪初考古学调查的发展提供了一个很大的实习机会，并为其开始方法的摸索和实习创造了一个良好开端。在法国海军的帮助下，突尼斯当局集中了希腊、意大利的一流潜水员，从1908年到1913年共进行了5次调查。

对于距陆地6公里、海流非常急，而且水深40米的海底调查作业来说，技术上受到各种限制，而且沉船完全被埋在海底淤泥中，使发掘作业极为困难。

沉船中，有最早报告说的像大炮的大理石圆柱，共6排约60根，还凌乱地散布着柱头、柱础以及其他大理石的建筑材料和雕像等。虽然打捞上来了双耳陶瓶等部分文物，但大部分遗物仍然留在了海底，调查没有最后完成。

当时的潜水技术和调查方法不能绘制出能将船体复原的实测图，也不能将船体打捞上来。尽管如此，潜水工人们仍然打捞出了各种文物，并在海底淤泥的清除过程中，搞清了下面厚约20厘米的木材堆积层和其分布范围，并确认了这是船的甲板，还了解到打捞上来的遗物是甲板上的货物。在甲板下的船舱里装满了大量的细小贵重品，在更下面的船舱中贮藏着很多大理石艺术品，其中主要有希腊雕刻家加尔凯顿（约生活在公元前2世纪）的刻有“波

△ “奔跑的萨尔丘斯洛斯”青铜像

埃特斯”铭文的“海尔梅斯”青铜像和同样大小的“奔跑的萨尔丘斯洛斯”青铜像、大理石“阿弗洛迪式”半身像、牧神“波恩”的头像等。此外，还有烛台、家具等日用品和希腊阿提加工精美的酒杯，其中带有铭文的“海尔梅斯”像被认为是希腊时代著名的珍品。

据推测，这艘沉船是满载罗马从希腊掠夺的艺术品及其他货物的大型运输船，船从雅典的皮莱乌斯港出航，在驶往罗马的途中，向南漂流而沉没。该船长36米多，宽10米多，恐怕是无桨的椭圆形帆船。从当时的造船技术看，似乎是为了运送想象不到的沉重货物而设计的。其年代根据遗物的研究推定，在公元前2世纪末到公元前1世纪初。

随着对遗物的文化性质及船体构造的研究，玛迪亚沉船逐渐在学术界引起较大的反响。据有关专家考证，该船是公元前86年征服掠夺雅典的罗马执政官鲁希阿斯·斯鲁拉有组织地将掠夺品满载运回罗马，而在途中遇到暴风，漂流到玛迪亚海域沉没的货船。

当时，斯鲁拉是罗马共和时代的猛将，深得人民的拥护。他在凯旋罗马时经常带回众多的俘虏和战利品向民众夸耀，以求得狂热的欢迎。据说他在当时已获得很多的战利品，但为了掠夺，他又率领罗马军队进一步侵入了古希腊象征的雅典。他在那里下令拆毁奥林匹亚的一座神殿，将大理石建材和雕塑装上运输船队送往罗马。有的史学家说，他打算用这些战利品在罗马复原神殿，以作为他的胜利纪念碑装点城市。据说这一船队绕行到意大利半岛与西西里岛之间的墨西哥海峡时，突然遇到风暴，其中一艘向西南方向漂流至北非近海沉没，在以后漫长的岁月里安眠在海底厚厚的淤泥之下。估计至今仍有大批珍宝沉睡在海底等待进一步打捞。

埋藏了无数珍宝的亚历山大墓在哪里

公元前336年，亚历山大继承帝位后，便大举侵略东方。在短短的十余年里，东征西伐建立起东起印度河、西至尼罗河与巴尔干半岛的版图广阔的亚历山大帝国。

亚历山大曾是一位赫赫有名的英雄，但同时又是一位神秘人物，有关他的传说不可胜数。遗憾的是，他以前的一些历史记载没有留传下来，而后来的一些传抄本及书籍又众说纷纭，矛盾重重，而且带有极浓重的传奇色彩。因此，就是在他死后2300多年的今天，这位古代伟大统帅的业绩仍令人们十分关注，迫切希望发现这位不可一世的帝王陵墓，以求从出土文物中获得一些有价值的历史证据。

1964年的一天，埃及亚历山大市的报纸上发表了一则耸人听闻的消息："马其顿国王亚历山大的陵墓找到了！这是波兰考古学家们的巨大成就！"消息很快传遍了全世界。美国《纽约时报》立刻给波兰考古队发了一封电报，希望就这一伟大的发现写篇文章，并给予优厚的稿酬。各国记者也争先恐后地飞抵埃及，同时，大批旅游者的涌进使得埃及警方处于戒备状态。

可惜，消息是假的。原来发现的并不是亚历山大的陵墓，而是古罗马时期的一座剧院的遗址。那么这位著名历史人物的陵墓究竟在哪里呢，他又是怎么死的呢?

关于亚历山大的死因历来有两种说法：一种说是：征印度时在距离巴比伦不远的地方，迎面碰上了一些精通天文和占卜的祭司，他们劝告他不要去巴比伦，否则凶多吉少。虽然他没有停止前进，但此后却变得心情阴郁。

一次，他驾驶着战舰在湖泊上游逛。突然刮来一阵风，把他的帽子吹走，掉在芦苇丛中，正好落在古亚述国王的墓上。所有的随从以及亚历山大本人都认为这是很不吉利的事。

派去追赶帽子的水手，在泅水回来时，竟大胆地把它戴在自己头上，这就更加强了不祥之感。亚历山大恼怒了，当即把这个水手杀了。不久，亚历山大身患重病。13天后，终于在公元前323年6月的一个傍晚逝世，当了12年零8个月的国王，死时才32岁。

△ 亚历山大大帝

这些琐事，看来只不过是一种巧合罢了。其实，大帝的死很可能是由于行军路的艰辛，加之经过多次作战，使得遍体伤痕，在沼泽地里又感染上了疟疾等原因造成的。

另一个传说是：亚历山大之死是因为在宴会上有人往他的酒杯里下了毒药。如果这个传说是真的，那么亚历山大就不是自然死亡，而是死于阴谋。

亚历山大死后，他的部下托勒密将军（后来成为埃及）用灵车把他的遗体运往埃及，安葬在亚历山大城，并为他建造了一座富丽堂皇的陵墓。

凯撒大帝、奥古斯丁皇帝、卡拉卡尔皇帝等历史上的著名人物都曾到此陵墓朝拜过，还在亚历山大的塑像头上加上一顶金冠。可是到了公元3世纪，有关陵墓之事，不知为什么无声无息了。

公元642年，阿拉伯大军攻占了亚历山大城，这里的辉煌历史陈迹使他们感叹不已。

到了1798年，法兰西拿破仑的军队进入亚历山大城时，这里已是一派衰落景象，城中只有6000名居民了，跟随拿破仑的一些学者还看见不少古建筑的废墟。

19世纪初，这里开始修建海港，古老的建筑遗址成了采石场，有许多遗迹被深埋入地下。亚历山大城很快成为地中海上一个重要的贸易中心，可是历史陈迹却荡然无存了。

按照古希腊的习俗，创建城市的国王，在他死后一般都要埋藏在城市中心。因而有的考古学家分析认为，陵墓很有可能在位于城市东部的皇宫区。也有人认为，陵墓应在两条街道的交叉点上。

近年来，波兰考古学家玛丽亚·贝尔纳德对当地出土的古陵灯进行了一番研究后发现，古人在制作陶灯时，在上边绘制了古代亚历山大城的模型，因此她对陵墓的位置做了一个有趣的推测，她认为在模型内的许多建筑物之中，有一个圆锥形的建筑物可能就是亚历山大的陵墓。因此，奥古斯丁皇帝的陵墓是尖顶圆锥形建筑，这种墓形很有可能就是在仿造亚历山大陵墓修建的。

英国人维斯曾对托勒密王朝的墓地进行过分析研究，认为这些墓应当同亚历山大陵墓相像。他想象亚历山大的棺木是安放在一座宏伟的庙宇里，周围是一些圆柱，墓里一定有许多稀奇精美的物品，墓内还可能保存着从埃及各处庙宇送来的经书。20世纪70年代，一个惊人的大发现大体上证实了这些猜想。专门研究古代马其顿历史的考古学家安得罗尼克斯发现了亚历山大的父亲——腓特烈二世的陵墓。

大殿中央停放着高大的大理石石棺，上面设有镶着宝石的、沉重的金质瓶状墓饰。国王的遗骨就在其中，周围是一些珠宝金器、王权标志、战盔等物，闪耀着璀璨的光芒。

其中有5个用象牙雕刻的雕像，制作得相当精美，特别引人注目。这5个雕像是国王的一家：腓特烈二世本人、他的妻子、儿子亚历山大和国王的父母。这个发现在考古界引起了轰动，被认为是20世纪考古中最伟大的发现。

惊喜之余，人们不禁要问：腓特烈二世国王的陵墓尚能找到，难道他儿子的陵墓就无从寻觅？但事实毕竟是事实，亚历山大陵墓的确令人难以推测，一直没有任何线索。

谁能解开这个陵墓之谜？人们耐心地期待着。如果一旦解开，很可能会发掘出当时许多民族的文化艺术珍品以及大量的历史资料，这对考古无疑学将是一个巨大的贡献。

寻找海底的“克洛斯维诺尔”珍宝

200多年以来，渴望得到“克洛斯维诺尔”号沉船上巨额财宝的人，始终没有停止过他们的海上探宝活动。因为这个传奇式的海难事故中所提到的财宝之多，实在太吸引人了，请看下列清单：金刚石、红宝石、蓝宝石和翡翠19箱，价值51.7万英镑的金锭，价值42万英镑，金币71.7万英镑，白银1450锭。

故事要追溯到1782年6月15日，那天，有一艘三桅大帆船“克洛斯维诺尔”号离开锡兰（现在的斯里兰卡）港，鼓着满帆在烟波浩渺的印度洋上航行。船上载有150名乘客，还有上面所列的贵重物品。8月4日，当航行到非洲东南角沿海时，一阵强劲的风暴把船吹向海岸。帆船在风、浪和潮水的共同作用下，迅猛地向着悬崖峭壁冲击。尽管船长采取了应急措施，终于无济于事，木船被撞得粉碎。134人仓皇跳入大海，挣扎着上了岸。不久，这艘千疮百孔的帆船，便带着巨额的财宝和几个未能上岸的水手，葬身海底，遇难地点距好望角约507海里。

一部分登岸的水手情况也不妙，岸边是荒无人烟的热带森林，生存是很困难的。他们为了战胜死神，分成3个小分队在山林中挣扎，用野菜充饥，希望能向好望角靠近，以求生计。但是，不幸得很，一些人死于野兽之门，另一些人又死于野菜中毒，到达好望角时，只剩下6个幸存者了。事后，他们把海难经过和丛林历险写成书，流传于世，引起轰动。但是，最使人们感兴趣的，却是那船上的巨额财宝，它吸引着一批又一批的探宝者前往寻觅。

1787年，人们首次对沉船进行搜索和打捞，但因找不到沉船的确切位置，不得不以失败告终。

1842年，一位船长与10位马来西亚潜水员合作，在沉船海域寻找了10个月，终于发现了沉船残骸，并踏上了沉船甲板，但未能掀起沉重的货舱盖。他们向英国皇家海军求助，也由于当时潜水技术的落后而无能为力。过了不久，沉船渐渐被泥沙掩埋了。

到了1905年，一些水下探宝者组成“克洛斯维诺尔号打捞公司”，雇用了一批打捞人员前去勘查，用钻机取样法找到了沉船，在钻取的泥芯中有250枚古钱币，并从船上层甲板上取下了13门大炮，总算是有了不小的收获。但埋藏在深处的财宝，由于人不能长期潜入水下作业，因而无法寻得。

1921年，又有人组织“打捞公司”。由于发起人曾是一位陆上黄金采矿者，熟悉矿井隧道开凿方法，准备从岸边开凿隧道通往海底，再在船底打洞捞金。足足花了3个月时间，经过艰苦的凿岩作业，才在40米深处开凿了一条210米长的隧道，终点正好在沉船底下9米深处。当向上开凿时，还未接触船体，比较松软的海底沉积层塌陷了，海水涌进了隧道。曾有一名勇敢的潜水员进洞，摸到了木质船底，但潜水员因无法在水下久留而无法捞金。巨额开支没有得到补偿，结果“打捞公司”被迫破产。随着时间的流逝，隧道也塌崩堵塞，渐渐消失了痕迹，最后沉船位置也无人知晓了。

几十年过去了，一些人寻找海底沉宝的梦并没有破灭。随着打捞能力的提高，促使一些人还想重整旗鼓，似乎有不拿到沉宝誓不罢休的决心。然而，“克洛斯维诺尔”号现在究竟在哪里呢，它上面究竟有没有如此巨量的财宝，这些财宝是否已有人偷偷地捞走了呢？这对渴望寻宝的人们来说，仍然是个谜。

泰国班清宝藏之谜

当我们提及远古人类文明，读者们就马上会想到幼发拉底和底格里斯两河流域的巴别通天塔，想到古埃及的金字塔和狮身人面相，想到耶利哥城和“死海古卷”，想到的中海上腓尼基人的帆船和文字，想到荷马史诗和特洛伊战争……

是的，这些都是人所共知的最早的文明发源地，代表着远古人类文明的最高成就。它们的名字早已传遍四海，被写入各种历史教科书中，为天下人所敬仰。

但是，你知道班清吗？不仅我们不知道，39年前，世界上所有的考古学家们也都不知道。

也许有人会问，班清在哪儿？它是泰国的一个小镇，是个过去所有的历史书中都没有提到过的一个小镇。

一次偶然的机遇，使这个地球上没有标记、鲜为人知的小镇——班清，名扬天下。

班清位于素有“万塔之国”称号的泰国东北部的呵叻高原。这个小镇上的人们已经习惯了单调和闭塞，多少年来一直过着他们那种与世无争的平静生活。但是，1966年，一些似乎不起眼的发现几乎改变了这个小镇的命运。一夜之间，班清这个名字像长了翅膀，飞到了美国费城和法国巴黎那些大名鼎鼎的考古学家案头。

原来，在这座小镇的地下，考古学家们发现了一些史前墓地，里面除了骸骨，还埋藏着价值连城的稀世珍宝、陶器、石器及精美的金属制品。

1966年，美国哈佛大学学生斯蒂芬·扬来班清进行社会调查。一天，他经过一个筑路工地时，看到工人挖出一些陶器碎片。这些碎片上有一些奇怪的图案，他便好奇地随手捡了几个图案美丽的残破陶罐带了回去。

1968年，美国著名的艺术史学家伊丽莎白·莱昂斯把一些陶器碎片送到费城大学的考古研究中心。费城大学博物馆的考古研究中心将陶器碎片进行C14测定，检测结果令所有在场的学者们大吃一惊，原来这些陶器是在公元前四千年左右制造的！此后，他们又多次用不同的碎片通过不同的手段鉴定，但鉴定的结果都是一样的。

学者们马上把伊丽莎白·莱昂斯找来，问她这些东西是在哪儿发现的，为什么过去考古学从没提过这个地方。

伊丽莎白·莱昂斯也满怀疑惑地说，这些碎片来自泰国一个叫班清的小镇，难道过去从没人知道这个地方？

费城的学者们马上和泰国的有关文物部门联系，说他们准备来此地考察。但班清在哪儿呢？为了接待费城的学者，泰国官员们马上拿来地图，因为他们也不清楚这个小镇的位置。

1974年，在联合国的资助下，泰国艺术厅和美国宾夕法尼亚大学博物馆对班清开始联合考古发掘。开工的第一天，人们的期望值并不很高，很难想象这个人口不足五千人、世代以种稻为生的小镇会有什么很悠久的历史。然而，当挖掘到地下五米时，考古学家们惊呆了！原来，他们发现这是六层界线分明的墓葬，最深的一层可追溯到公元前3600年，最浅的也可追溯到公元前2500年。

这个发现简直令人难以置信，因为史学界过去一直认为，泰国的可考历史至多有1500年，而他们眼前的一切都大大超过了传统认识中的泰国历史。

挖掘工作越发不可收拾，每天都有大量的文物被挖掘出来，到后来实在多得让工作人员无法一时清点出来，只能以吨来计算。到1975年，班清已挖出了各种文物共计18吨，其中除了大量的青铜器和金银装饰品之外，还有一些用象牙和骨头雕刻的人像，用玻璃和次等宝石制作的光彩夺目的珠串。

经过对挖掘的文物测定，这些珍宝至少已在班清埋藏了5000年之久。同时，发掘表明，早在公元前3000年，班清人已经掌握了青铜的冶炼技术。因为这些青铜器的制作年代大约在5000年前，是世界上历史最久远的发明。

过去历史学家一直认为，5000年前的东南亚人还生活在原始的石器时代，而青铜器最早起源于美索不达米亚的两河流域，冶金术是从西亚传播到世界各地的。班清的考古发掘，对以往的这种结论将是一个最为有力的挑战。班清的青铜器将会促使考古学家对过去的观点提出新的见解。

△ 班清遗址中出土有众多形状不一的陶器

事实上，那时的班清居民已经相当进步了。他们居住在固定的居民区，种植水稻及其他农作物，并且会制作漂亮的陶器。

那么，是不是青铜器的发源地可能就是在泰国的班清呢?

考古学家切斯特·戈尔曼是这次发掘工程的主任，他说，我们深信，炼铜术的起源最早可能追溯到公元前4000年，其发源地就在泰国呵叻高原边缘的山脉之中，这里从古至今都以锡、铜储量丰富而闻名。班清的出土文物是丰富多彩的，有众多形状不一的陶器，在浅黄的底色上，绘着深红色的图案。

这些图案看来是古代艺术家们随心所欲、一挥而就的，有些则是经过深思熟虑而精心绘制的几何图形，如同古希腊的骨灰罐上的图案。从外形上看，有些是颈部很细的高花瓶，这需要很高的制作技巧；有些是矮胖的大缸，上面却有着极为精致的图案，显得甚至不太协调。看得出他们在制作中的自由发挥和潇洒自如。

有关专家通过对班清挖掘的文物经过严格的清理、分析之后认为，班清文化最引人注目的是青铜制品，并且在制作技术上有不断的创新。在早期的墓葬中，出土的青铜锛和青铜手镯的含锡量只有1.3%，制作也较粗糙，严格地说只能算作红铜制品。而班清人早在公元前1000年左右就制作了各种精致的青铜手镯、项链、戒指和长柄勺。

从班清人的制作工艺来看，他们的技术相当精湛，能在把长柄勺的勺把上刻出栩栩如生的动物图案。

同时，班清人在这一时期制作的青铜器就其铜锡配比来讲也比较科学，说明此时的班清人已熟练地掌握了青铜的冶炼和制作技术了。除青铜器外，班清的地下还出土了为数不多的铁器，有铁脚镯、铁手镯和双金属的矛头、斧头等。晚期的青铜制品中，有用含锡量高达20%的青铜煅打成的颈圈，因为含铜量这样高很容易碎，所以制作时须煅打成多股再扭曲而成。至于班清人是如何掌握这项青铜技术的，考古学家们至今无法解开这个谜底。

班清文化不仅是东南亚，而且也很可能是世界上最早的青铜文化。最初的中东青铜是红铜与砷的混合物，后来，在接近公元前3000年时，锡取代了砷，青铜就变成了铜与锡的合金。

据此，有人认为，班清的青铜文化可能是世界文化的源泉。还有人认为，班清文化很可能是世界青铜文化的源头。人们甚至猜想，班清的地下文明也许是人类文明的摇篮之一。

当然，大多学者还是认为，那种把所有重大发明都归于一个源泉的观点是片面的。就冶金术来说，它完全有可能是在世界各地独立演化出来的，也可能是同时产生的。

随着时间的推移，班清出土的宝藏会越积越多，有关它的争论也将更深更广泛，但有一点是确定的，一个曾被认为是不可能存在的文明，确确实实是存在过的。

有人猜测，班清的宝藏的发觉还远未被穷尽，因为这里有成千上万座古墓葬，数量之多远远超过埃及的帝王谷。

那么，班清的地下到底还有多少古墓、多少珍宝呢？至今，没有一个人能够说得清楚。

古巴岛附近的黄金船

世界上最初发现海底财宝的最幸运的人是美国的威利阿姆·费布斯。据说他1651年生于缅因州的乡村，没有受过像样的教育，虽当过造船工人，但也干过海盗及贩卖奴隶的勾当。他想把自学得到的知识有效地用于海底探查。他先制造了一艘小船，自任船长，并做了几次出海航行。在一次去西印度群岛的航行中，他无意中听说在这一带海域曾沉没过装有很多货物的西班牙船只。关于这些沉船并未留有确切的记录，但根据传闻，在17世纪中叶，装载有从印加掠夺的财宝的西班牙平底楼帆船在此沉没。他决心探查这些“巴哈马附近的黄金船”上的财宝。

他为了寻求支持者来到英国，荣幸地获准拜见国王查尔斯二世，并被允许租借海军的洛兹·欧布·亚兰吉号护卫舰作为探查的工作母船。1683年，他指挥“洛兹”号在古巴岛北部的巴哈马群岛海域对沉船进行调查，由于未发现沉船而决定返回英国，以图东山再起。虽然这次没有得到英国皇家方面的支援，但找到了另外几位赞助者，并设法搞到两艘200吨的船，配备了特别潜水设备，重新组成了探查队。这时，他从乘船由西印度群岛来的旅客那里了解到，自1642年就杳无音讯的西班牙船队中最大的船沉没在伊斯帕纽拉岛海域。于是，探查船重返巴哈马海域。他让潜水工人们仔细地调查了目的地海底的礁石和裂缝，结果在1687年发现了一只覆盖在珊瑚下面的黑色船体。

这一船体倾斜的甲板有十几米长，深度已到了当时潜水作业的极限。这时，仍然使用的水面供氧式潜水设备，长长的呼吸管极大地妨碍了潜水员的自由，即使确认了财宝位置，其打捞作业也是十分困难的。为此，在深处利用了潜水球等设备，使作业能够继续下来，并且在几星期以后，成功地打捞上来了金条银条。他们用船装载着27吨财宝得意洋洋地返回伦敦。费布斯成

△ 美丽的巴哈马群岛

功的消息在欧美广为流传，他不仅刺激了人们的海洋探险热情和冒险精神，同时，使搜寻海底宝物以发财的愿望形成一股不断高涨的风潮。在伦敦，沉船打捞公司为扩大企业的影响，曾经在泰晤士河由潜水员向市民们展示其技术。

打捞上来的财宝除分给赞助者、船员、潜水员之外，由于当时习惯上将发现的十分之一财宝归皇室所有，因而首先拿出3万英镑奉献给英国国王，费布斯因此被授予爵士称号。当时，这位无名的海洋冒险家的成果获得多么高的荣誉，从这一件事情就可了解到。他带着分到的16000英镑返回美国，于1692年被任命为首任马萨宙斯州的州长，后来移居伦敦，于1695年44岁时死去。费布斯打捞财宝的过程写在《恶魔及其海底秘话》一书中，书中对这艘船是否是西班牙船提出了疑问，并指出这一打捞只不过是一种伪装了的海盗行为。

古代非洲罗本古拉珍宝

15世纪，随着新航路的开辟，大批欧洲殖民者蜂拥来到非洲抢夺财富。19世纪，一批欧洲人来到马塔贝莱国家，请求国王罗本古拉同意他们开采该国的矿山，国王同意了。从此以后，这位生长在非洲大陆上的国王同英国的维多利亚女王建立了联系。罗本古拉根据自己的生活来想象遥远的欧洲白人生活，以为英国女王也有他那样的无上权威。维多利亚女王在回信中十分沉重地说，当她知悉他有300个妻子时，极度悲伤，并且说是否可以把这个数目削减一下。为了取悦白人女王，罗本古拉把妻子的人数减半，于是他把余下的150名妻子全杀死了，因为在那里，国王的妻子是不能与平民同居的。

尽管罗本古拉友好地对待欧洲人，可是这批白肤色的外来者都不是来作客的，他们贪得无厌，四处掠夺，继而引起土著的不满乃至反抗，结果双方爆发了战争。罗本古拉只得携带妻妃、巫师及一些部落成员乘坐马车，另觅新土，然而欧洲殖民者仍紧追不舍。罗本古拉四处逃避，并派出一名使臣带着一袋金币来求和。不幸的是，这位使臣被杀死，金币也被抢走了。

1894年，罗本古拉死于热病。按照马塔贝莱人的风俗，这位国王与他平生所积聚的财宝要一起埋葬。国王的墓地是由巫师选定的，在赞比亚河的一条支流附近。巫师派遣一部分军队去挖墓穴，埋入国王的尸体以及象牙、黄金、钻石，这些财富当时值300万英镑。而后，巫师又派另一批军队去杀死那些挖墓埋尸的士兵，把这些尸体葬在墓地周围以护卫国王的灵魂。另外还设置咒语，永葆墓地的平安。随后第二批士兵也被召回到一个指定地点，在那里，这批士兵被部落其他成员杀死。这样，只有巫师才知道埋藏国王和财宝的地方。

但是，这时的非洲再也不是曾经闭塞平静的非洲了。欧洲的殖民者死死盯住这些财宝不放。那个巫师的余生就因此没有安宁过，国王死后四年，他也告别了动乱的人世。他的儿子在其父死后方知大事不妙，向南逃跑，结果半途被人抓获监禁，只得装疯。后经传教士干预才被释放，住在一个教会机关内，常常借酒压惊。

经过无数次战火威胁的非洲，后来又被卷入了欧洲人发动的第一次世界大战中。斯穆茨将军手下有个名叫J·G·W.雷坡德的少校在审查德军档案时，发现一个文件夹，里面装有一张地图，还有测算数字、运输费清单、一些用密码写的文件。他知道这些都是关于某一地区的材料，但因为不懂密码，他只好将之置于一边。不久，雷坡德在审讯两个非洲籍战俘时才知道，这两个战俘曾经陪同过“从远方而来的”一股德国人。这些德国人来干什么呢？战俘说是为了寻找一个与国王有关的地方，此外他们一无所知。

后来，雷坡德从当地土人中知道了罗本古拉以及他的珍宝，他更加热衷于探宝了。他最后终于破译了密码，原来这些材料都是有关发掘罗本古拉财富的文件，上面列述了关于财富的所有情况，甚至巫师及其儿子的情况也包括在内。凑巧的是，巫师儿子隐居的地方正是雷坡德的家乡。1920年，雷坡德找到了巫师的儿子。但他因年老、酗酒之故，记忆力衰退，已记不清坟墓的确切位置。不过，墓地四周的标志，他还能较清楚地回忆起来。

通过推论猜测，雷坡德把罗本古坟墓地大致确定在30英里的范围内。1920年年底，他征召当地人作为运输工及挖掘工去探宝。起先他没把探宝目的告诉这些人，后来经过两星期的奔波寻觅，工人要求知道他们究竟在寻找什么东西。雷坡德只得以实相告，结果一夜之间，那些土人跑了个精光，所有设备也只得废弃。

但财富的魅力还是如此诱人。两年后，雷坡德驾驶着福特车，率领着从遥远的非洲雇来的工人，又一次前来探宝。这一次，雷坡德更加清楚宝藏可能埋在哪里了。但是，根据他的计算，这一地点正好在葡萄牙人的势力范围内，他又无法从葡萄牙人那里获得许可证。幸好这一地区荒无人烟，因此，他终于找了个机会越过了边界。

雷坡德一行到达目的地大约是中午时分，树林中听不见鸟语兽鸣，也见不到任何生物活动的迹象，呈现出一片令人窒息的寂静。工人们十分恐慌，雷坡德则因找到了巫师儿子所说的标志而极为兴奋。

在这支探险队中，有个叫贝朱顿豪的白种人，他是为大家打猎提供肉食的人，根本不清楚此行的目的。但根据他的直觉，他感到这是块被诅咒过的地方。当晚，他告诉雷坡德说："这里发生过非常奇特的事情，这是块不祥之地！"雷坡德后来回忆说，那天夜里他梦见了成群的苍蝇，根据土著神话，此乃死亡之兆。

次日，工人们开始挖掘，结果掘出两具断腿的尸体。这是护卫国王灵魂的士兵。工人们不愿再挖下去了，他们要求回家，那天晚上，贝朱顿豪这个老练的猎人在营地远处被一头狮子咬死。雷坡德害怕了，天一破晓他们就整装返回了。

但雷坡德仍未死心，三年后又组织人马到达这一地区。这次他起用以邪攻邪之法，带着护身符及其他各类符咒，还在那里举行了一些驱邪仪式，以求平安。但有一夜，他又梦见成群的苍蝇，果然，第二天一个发掘坑莫名其妙地倒坍，压死了10个人。雷坡德本人也害了热病，只好无功而返。

1934年，雷坡德又准备组织探险。但这时罗本古拉的财富也尽人皆知了，谁都想获得一份。葡萄牙人说如果珍宝找到，他们应得一半，因为墓地在他们范围内。一个采矿公司则宣称，这些财宝是从该公司偷去的，所以该公司应获75％的财富。一个基督教团体则声称这些财富是马塔贝莱人的，理应归马塔贝莱人所有，同时这一团体还认为自己是马塔贝莱人的受托管理者，因此75％的财产应归该团体。

这样，雷坡德便陷入了由于探宝而引起的官司中，疲于应付。这个几经风险的人这时认为，这场官司就是墓地诅咒的一个显兆，前景不祥。他觉得唯一应做的是填平他挖开的坑，使墓地恢复原样，他还把所有文件都毁了，以让墓地自此安宁。

十分有意思的是，后来有两个人在柏林找到了这些文件的复印本，他们也顺着这条路线走了一趟，然后这两人组织了一支探险队，乘飞机飞往非洲南部。但是，这支倒霉的探险队连非洲大陆的土地还没碰上，他们的飞机就一头坠入了茫茫大海。

雅典银矿之谜

公元前5世纪开始时，地中海东部出现了一次危机，后来引致几场大小战事，结果对西方文化发展影响深远。公元前499年，繁荣昌盛而且人口众多的米利都领导各希腊城邦，群起反抗自公元前547年左右起控制小亚细亚的波斯霸主。米利都位于小亚细亚西部濒临爱奥尼亚海的地方，这些爱奥尼亚人得雅典之助，不断进行斗争，直至公元前494年，波斯国王大流斯的军队铲平叛乱为止，这只是希波战争的序幕。公元前490年，大流斯远征希腊本土，但他的军队在马拉松一役，为雅典人重创溃败，这是波斯帝国首次受到重大的军事挫折。

当时许多雅典人以为波斯的进犯威胁已告解除。但狄密斯托克利将军的军队不做此想，他们倒是知己知彼，确信波斯军队有能力而且有决心再次大举来犯。狄密斯托克利担心当时雅典人过分乐观的情势，会导致防卫工作变作等同虚设。

几年前，一群在雅典西南40公里处的洛里安姆公营银矿场工作的奴隶矿工，发现了一条价值连城的优质银矿脉。在极短期间之内，这个新矿层便出产了好几十吨纯银。如何运用这笔意外的银矿收入，公众的意见不一。有人主张这笔盈利应由全体成年男性公民均分。另一群由狄密斯托克利领导、影响力亦相颉颃的人，则不同意这主张。狄氏是一位精明、坚毅、雄心勃勃的领袖。他主张利用洛里安姆银矿的收入，建造三层桨座战船。顾名思义，这种战船有三层桨座。在战时，由于速度和机动能力非常重要，必须同时动用大约170人尽用三层桨座，平时则只使用一层桨座即可。这种战船时速可以达到5里，最高纪录达到8里左右。为了加强威力，这种效能极高的战船还装上一张方形风帆。

经投票表决，所拨款项只够建造100艘战船，等于狄密斯托克利估计万一波斯再进攻时所需战船的半数。更糟的是，这笔拨款原来只为期一年。不过，后来传出波斯开始筹划进攻的消息，终于导致这项造船计划加速执行。没有多久，雅典便宣告拥有一支超过200艘战船的舰队。每艘战船上载有40名配备刀剑和标枪的步兵，所以又须招募大量海军和陆战队员加以训练和发给应得粮饷。假如没有洛里安姆的白银，这些事情就无法办到。此外，因为输入造船材料，也促进了对外贸易，带来不少财政收益。例如铸上猫头鹰图像的雅典货币，便成了一种国际货币。

△ 狄密斯托克利

公元前480年，波斯大军在大流斯之子瑟克昔斯国王的率领之下，从小亚细亚直捣欧洲。他们在色摩比利山下消灭了一小队斯巴达军队，占领了希腊大部分土地，并将雅典焚毁。

希腊人将舰队部署在雅典以西约16公里的萨拉米岛外狭窄水域上，然后使瑟克昔斯以为希腊舰队即将不战而退，引诱波斯舰队进入圈套。是年9月20日，瑟克昔斯站在附近山头，看着他的舰队乘风破浪进攻希腊。那时波斯战船的数目比希腊多一倍以上，多从征服国得来，其中包括300艘腓尼基战船和200艘埃及战船。希腊舰队只有约300艘3层桨座战船，其中约160艘来自雅典，一百多艘来自斯巴达及其盟邦。在战斗中，波斯舰队虽然数量上占尽优势，但在狭窄海峡并无调动的余地。因此波斯战船乱作一团，成为外表沉重笨拙的希腊3层桨座战船的瓮中之鳖。波斯战船被撞至穿洞或损毁，船桨亦被撞断或抛离。这时，希腊骁勇的陆战队员便登上了波斯战船，与敌方展开整日搏斗。至日落时，波斯舰队约有200艘船只损坏或沉没，而希腊的损失还较轻微，大约只损失了40艘船。同时，波斯人的伤亡亦比较惨重，原因很简

△ 古希腊著名钱币——雅典猫头鹰银币

单，大部分希腊人会游泳，波斯人则不会。此外，战胜者还可拖回损毁战船和救回受伤人员，波斯人仓皇撤退，被迫弃下许多船只和士兵。

萨拉米岛一役的胜败影响深远。波斯人由于失去大批战船，再也无法保护补给线，不得不将大部分军队从希腊本土撤出。一年后，希腊人在雅典西北约80公里的普拉蒂亚之役，以及在爱琴海东面米卡莱的海战先后获胜，波斯的最后进犯一败涂地。正因为有了那个希腊诗人伊士奇描写在洛里安姆矿场意外发现的“世界宝藏，白银之泉”，雅典才一跃而成为地中海东部的海上霸主和希腊世界的领袖。不久，雅典还成为古典时期知识荟萃、艺术生辉的中心。当时如果波斯人得胜，可能就会占领了西欧，从而改变了后来西方文明的特性。

克里姆林宫地下真有宝藏吗

俄罗斯历史上赫赫有名的伊凡雷帝，在克里姆林宫的地下室藏有大量珍贵的书籍和重要的文件，这一说法既流传于民间，也记载在书本上。但遗憾的是，亲历者却很少。虽然从16世纪起就开始有人进行探索，然而时至今日，所谓伊凡雷帝“书库”仍是欲穷底蕴而不能的一个谜。

1533年，年仅3岁的伊凡雷帝即位。1547年1月19日，在克里姆林宫乌斯宾大教堂举行了隆重的加冕仪式，大主教马卡里把镶满珠宝的皇冠戴到莫斯科大公头上，伊凡正式加冕为俄国第一个沙皇（沙皇一词来源于罗马皇帝的称号“恺撒”，意即皇帝）。

1550年，伊凡雷帝颁布新法，改革地方行政制度和军事机构。为了巩固具有专制政权的中央集权国家，他对以前的封邑公爵、世爵封建主、大贵族曾进行镇压。“雷帝”这一使人感到恐惧的外号，正是由此而来。

伊凡雷帝收藏了大量的书籍，可能是真实的。这主要是从有关弗恩修道院的修道士马克西姆·克里柯的传说而得知的。据说这是一大批非常宝贵的古代抄本，其数量之多，足以抵得上一个图书馆。

这批书籍从何而来呢?

据说，是伊凡雷帝从祖父莫斯科大公伊凡三世和祖母索菲娅·帕妮奥洛克丝那里继承来的。索菲娅是东罗马帝国的末代皇帝康士坦丁鲁斯十一世的侄女。她来到莫斯科时，曾从帝国的皇家图书馆里带走了不少极为珍贵的古代抄本，无疑，这些都是稀世的珍本。

伊凡三世想把所藏的书籍编个目录，就叫马克西姆·克里柯来完成。此人曾在巴黎、罗马的教堂学习过，很乐意做这项工作。此外，他还利用这个机会，把本国使用的斯拉夫教会的翻译本同希腊的原著进行了对照，对许多

△ 克里姆林宫

误译之处，逐个地加以订正。

克里柯的这种做法使莫斯科的大主教约瑟夫大为不悦，认为有损教会的尊严。不久，他就离开了皇宫，后又被教团开除，还受到各种迫害。

以上就是有关修道士马克西姆·克里柯和伊凡雷帝书库的传说。从这些传说中，对图书的编目工作是否完成了，大量书籍藏在克里姆林宫的什么地方，则无从知晓。

在16世纪编辑的《里波利亚年代记》中，对此事有如下记载：

“德国神父魏特迈曾见过伊凡雷帝的藏书，它占据了克里姆林宫地下室的两个房间……”

使人感到不解的是，在同时代的其他文献或记录中，都没有提起伊凡雷帝“书库”之事，这是什么原因？是藏书已散失了，抑或是本来就不存在呢？

到了19世纪，有两个德国人对帝室书库之说很感兴趣。其中一人为了弄清藏书的来龙去脉，还特意来到莫斯科。他在古代记录保管所里查遍了有关这方面的材料，也没有找到所需要的线索。后来，他又对克里姆林宫的地形进行了调查，也难以确定书库的下落。尽管如此，他在离开莫斯科时，仍然认为：

"我坚信，伊凡雷帝的书库还沉睡在一个不为人所知的地方，解开这个谜，对世界的文化来说可能存在着非常重要的发现。"

对于书库的命运，专家们的意见也是不一致的。有人说，"克里姆林宫发生火灾的时候，这批藏书可能被烧毁了，"有人说，"这些书全移放到莫斯科大主教的图书馆，后来好像都散失了，"还有人认为，"伊凡雷帝的藏书确实存在，有必要对克里姆林宫进一步进行探索……"

这些看法暂且不谈。而关于克里姆林宫的地下室，还有如下一段传闻：

19世纪末，克里姆林宫古玩器类的权威——历史学家扎贝林，曾听某官员说过，他在造币厂的文书保管所里看到一本很奇怪的书，上面记的全是从前的事，其中有这样一件事：

在1724年，彼得大帝决定迁都彼得堡，把莫斯科作为陪都。同年12月，一个在教会工作的名叫奥希波夫的人，来到彼得堡，向财务管理部门提出一份报告，谈到莫斯科的克里姆林宫的地下有两个秘密的房间，房间的铁门上贴了封条，还加了大锁，里面好像是放着许多大箱子。

经过一番研究，有关方面立即着手对克里姆林宫地下的调查。但不久，从彼得堡传来指示，命令停止调查。

9年之后，这个奥希波夫再次提出要求，希望能对克里姆林宫地下进行发掘。

结果怎样呢？在公文保管处所保存下来的报告中曾这样写道："尽管全力以赴，但没有发现秘密场所。"

苏联科学院的索伯列夫斯基院士认为，虽说奥希波夫失败了，但不能断言伊凡雷帝书库就不存在，他深信，这个谜总有一天会解开的。

“红色处女军”珍宝之谜

捷克是欧洲中部内陆国家，北与波兰为邻，东与前苏联交界，南与匈牙利和奥地利相连，西与德国接壤，处在欧洲中心的地理位置。

波西米亚是捷克西部的一个历史地区。公元前500年，这里最早住有克尔特人，以后出现日耳曼部落。自从公元6世纪斯拉夫人到达这片地区后，波希米亚就开始了它漫长而坎坷的历史。公元623～658年，以法兰克领袖萨蒙为首的捷克人的帝国兴起，曾在这里建立一个抵御阿瓦尔人的斯拉夫部落联盟。公元658年萨蒙死后，此地受摩拉维亚人统治。公元8世纪后，捷克人控制了波希米亚的大部分地区。

9世纪是捷克历史的荣光时期，普热美斯家族是捷克的第一个统治家族，由普热美斯在公元8世纪时建立。普热美斯王朝在公元800～1306年间曾统治波西米亚及附近地区达五百多年。

9世纪，女王丽布施及其丈夫普热美斯公爵创建了古老而美丽的布拉格城堡，城堡后经多次扩建。直到一千多年后的1918年，捷克共和国的总统府仍设立于此。

从女王丽布施创建布拉格城堡以来，布拉格不但成为捷克的首都，也成了欧洲最大、最重要、最美丽的都市之一。布拉格老城中最早的居民点大都始建于那个时期。城堡中心的圣维斯大教堂是欧洲建筑艺术的精品，里面藏有波西米亚王国的王冠，捷克各时期的统治者们都葬在这里。如今当游人们漫步于布拉格老城时，依然能看到以前的房屋，仿佛又回到了千百年前。布拉格旧市政府钟楼上精美的天文钟和圣维斯大教堂高耸的尖塔是布拉格永恒的标志。斯坦诺瓦犹太教堂独特的三角形山墙更是令多少人赞美不已。

值得一提的是，丽布施女王以始建举世闻名的布拉格城堡而流芳千古，

△ 描绘古代欧洲红色处女军团的作品

她手下的一名女卫队长普拉斯妲却以创建“红色处女军”，又埋藏了一批巨额宝藏，也在捷克历史上留下千古之谜。

这到底是怎么回事呢?

原来，9世纪初的丽布施女王不但是一位出类拔萃的巾帼英雄，还创建了一支包括妇女在内的骁勇善战的军队，曾打败过不少敌人。后来她虽然嫁给了普热美斯公国的公爵普热美斯，但始终保持着桀骜不驯的独立性格。后来，这位女王建立了一支威风凛凛的皇家卫队，其队长就是后来在捷克历史上大名鼎鼎的普拉斯妲。这支卫队完全由清一色的年轻女子组成，它负责保卫女王和皇宫的安全。普拉斯妲兢兢业业为女王服务，与女王结下了很深的感情。丽布施女王去世后，普拉斯妲深感悲痛，她不愿意再为国王普热美斯公爵效劳，便率领自己手下的女兵来到捷克北部的维多夫莱山，从此占山为王。

普热美斯公爵曾派一名使臣到达维多夫莱山区，试图把普拉斯妲重新请回到王宫。结果，年轻的叛逆姑娘却把这名使臣阉割后轰了回去。普拉斯妲的这种做法简直激怒了国王，但却吸引了周围地区许多年轻的姑娘。一批批年轻的女子不堪忍受男人的欺压，陆续投奔了普拉斯妲。没过多久，普拉斯妲手下就有了一支真正的部队，这就是后来威震朝野的“红色处女军”。普拉斯妲本人也开始了她传奇般的生涯。

所谓“红色处女军”即完全由尚未结婚的处女组成的军队。反对处女军的人说，普拉斯妲是个作恶多端的女妖，她诱使年轻女子去犯法；拥护她的人称她为女中豪杰。据历史记载，她天资聪慧，而且练就了一身过人武艺，但极端憎恶男人。

有人分析，普拉斯妲之所以对男性深恶痛绝，可能是因为她从小受到父亲的虐待，又在尚未成年时被男人凌辱过，所以她幼小的心灵中留下了深深的伤痕。

普拉斯妲的“红色处女军”规模越来越大，最多时达到上千人。为了保证部队的给养，她率领军队离开了贫瘠的维多夫莱山，在迪尔文城堡建立起了自己的武装大本营。

随后，“红色处女军”四处打家劫舍，征收捐税，推行自己的法律。这些法律大部分是针对男人的。据说，为了蔑视男人，她有时会带着几名女兵，手持利剑和盾牌，赤身裸体地去市镇游逛，如果哪个男人胆敢朝她们看一眼，她们就会毫不迟疑地把那个男人处死。

普拉斯妲在她自己的地盘上行使着至高无上的绝对权力，她规定：

一、男人不许佩带武器，不许习武，否则处以死刑。

二、男人必须种地、做买卖经商、做饭、缝补衣服、干所有女人不愿干的家务活；女人的职责则是打仗。

三、男人骑马，双腿必须悬垂在坐骑左侧，违者处以死刑。

四、女人有权选择丈夫，任何拒绝女人选择的男人都将处以死刑。

这些古怪的法律十分苛刻。普拉斯妲这一极端的做法不仅激起了当地男人的强烈反抗，也终于让普热美斯觉得忍无可忍。于是，国王普热美斯派遣大军围剿普拉斯妲。

普热美斯军队的指挥官开始并不把这支“红色处女军”看在眼里，他们认为这帮女孩子看到国王的正规军必然会吓得不知所措。然而双方一交战，普热美斯的军队由于过于自信和轻敌，竟没有占到什么便宜，反而被“红色处女军”打得落花流水。于是，他们不得不重新考虑如何来对待这支“红色处女军”。国王普热美斯在布拉格得知自己的军队在山里竟被一帮女孩子弄得晕头转向，盛怒之下，他居然亲自率领着大军浩浩荡荡地前来围剿。

在维多夫莱山区，普热美斯大军依靠人数上的优势，采取突然袭击的战术，把处女军层层包围，缩小包围圈后杀死了一百多名顽强抵抗的处女军战士。

在迪尔文城堡的普拉斯妲闻讯后，亲手扼死十几名俘虏，并率领自己的战友对普热美斯大军进行了殊死抵抗。一时间，山冈上杀声震天，几千米外都能听到她们和男人拼命时的喊叫声。

最后，城堡中所有的处女军战士全部壮烈牺牲，没有一个逃命投降的。而普拉斯妲本人最后扔下了手中的盾牌，脱光了身上的衣服，仅仅拿着一把利剑，赤身裸体地同皇家军队进行了最后的拼杀，直到流尽了最后一滴血……

普拉斯妲多年跟随女王，见多识广，对王室的金银财宝了如指掌，加之她本人喜欢雍容华贵的奢华生活，又多年劫掠富豪，抢劫了不少的贵族城堡，聚敛起大量的金银财宝。在普热美斯军队未到之前，她早已预见到自己凶多吉少，于是她在迪尔文城堡早已把大量的财宝埋藏起来。这笔财宝主要有金币、银币以及处女军战士不愿佩戴的大批珍贵的金银首饰，数量极为可观。

普拉斯妲到底把它们埋藏到哪儿呢？处女军被全部杀死之后，后人就想到了这批珍宝。有人不断在当年她们活动的地区挖掘，试图找到她们埋藏的珍宝，但始终一无所获。

随后，普热美斯家族以布拉格为中心建立的王朝依附神圣罗马帝国几百年。在普热美斯王朝统治波西米亚的几百年间，这几代王朝都没有忘记普拉斯妲和她埋藏的财宝。他们曾多次派人去维多夫莱山区搜寻这批宝藏，但每次都空手而归。

进入20世纪以来，这笔宝藏又引起了一些现代寻宝者的注意。有人认为，它肯定被埋藏在捷克山区的某个地方，但到底在什么位置，却始终没有人能知道。

路易十六金宝之谜

法国人几乎在每个世纪都给世人埋藏下一笔财宝，从而也给世人留下一个个历史之谜：7～8世纪有夏朗德城宝藏之谜，12～13世纪有雷恩堡宝藏之谜，到了18世纪，又有了路易十六金宝之谜。

1774年路易十六登上法国国王宝座时，法国封建制度已危机四伏，新兴资产阶级对束缚资本主义生产关系发展的专制政体日益不满。国内政治动荡，社会极为不稳定。但就是在这种情况下，路易十六仍然四处搜刮金银财宝，过着十分豪华的生活。这彻底激怒了资产阶级和广大人民群众。1789年，由于路易十六召开等级议会，要第三等级即资产阶级和平民缴纳更多的赋税，从而引发了资产阶级革命。路易十六极为无能，传说当1789年7月12日人民群众攻克巴士底狱，直到晚上休息时，路易十六尚不得知，仍在日记上写下：7月12日，天晴，平安无事。迫于无奈，路易十六表面上接受立宪政体，实则力图绞杀革命。1791年6月，他逃到法国瓦伦，被群众押回巴黎。9月被迫签署宪法，但仍阴谋复辟。1792年9月路易十六被正式废黜，次年1月被处死在巴黎革命广场（即今协和广场）。路易十六的金宝是寻宝史上最著名的财宝之一。关于他的财宝，众说纷纭，莫衷一是。至于藏宝地点至少有几个地方，有的甚至不在法国，而在西班牙。据说，他在行宫罗浮宫曾埋藏着一笔价值20亿法郎的财宝，包括金币、银币和一些价值连城的文物。不过，流传最广的还是路易十六隐藏在“泰莱马克”号船上的金宝。“泰莱马克”号是一艘吨位达130吨、长26米的双桅横帆船。这艘船伪装成商用船，由阿德里安·凯曼船长驾驶。1790年1月3日，满载财宝的“泰莱马克”号在经塞纳河从法国里昂去英国伦敦的途中，在法国瓦尔市的基尔伯夫河下游被潮水冲断缆绳出事沉没。

“泰莱马克”号由一艘双桅纵帆船护航，在港口受到革命者检查时，曾交出一套皇家银器。船上隐藏着路易十六的一批金宝和玛丽·安托瓦内特王后的钻石项链。据认为，这艘船上的财宝包括以下东西：

△ 路易十六画像

属于国王路易十六的250万法国古斤黄金（法国1古斤在巴黎为490克，各省为380克到550克不等。按这一标准计算，250万法国古斤约合95～137万公斤）；王后玛丽的一副钻石项链，价值为150万法国古斤黄金。金银制品有银器以及朱米埃热修道院和圣马丁·德·博斯维尔修道院的祭奠圣器；50万金路易法郎；5名修道院院长和30名流亡大贵族的私财。

这些财宝的确存在，毫不夸张，这已得到路易十六的心腹和朱米埃热修道院一名修道士的证实。一些历史文献和路易十六家仆的一位后裔也认为，路易十六当年的确把这笔财宝藏在船上企图转移出国。据说，“泰莱马克”号沉没在基尔伯夫河下游瓦尔市灯塔前17米深的河底淤泥里。1830年和1850年，人们都争先恐后地企图打捞这艘沉舟。但是，在打捞作业中，缆绳都断了，结果沉舟重新沉没到水底。1939年，一些寻宝者声称他们已找到了“泰莱马克”号沉舟的残骸，但没有确切证据表明，他们找到的就是“泰莱马克”号。要找到路易十六的金宝绝不是一件轻而易举之事。

“所罗门财宝”之谜

以色列的所罗门王，在《圣经》的记载中是一个贤明君主，而且富甲天下，死后遗下了大量财富。这个宝藏的所在，一直都是考古学家和盗墓者极为关心的事情。当时很多欧洲人都兴起到中东寻找宝藏的念头。在历史记载中，所罗门王宝藏的确存在，以色列王国灭亡前，宝藏一直藏在耶路撒冷的圣殿。公元70年，罗马帝国占领耶路撒冷，并把这些宝藏悉数掠去，并曾运到罗马展览，此后便放在罗马城内。公元410年，随着西罗马帝国灭亡，罗马城在西歌德人入侵下被完全破坏，所罗门王宝藏的所在地，亦随着罗马城的失陷而变成历史谜团。

有人估计，所罗门王的宝藏其实早在罗马帝国的历次战争中用作军费使用，根本所剩无几。另一个说法则是，西歌德人在夺得宝藏后，将之搬到法兰西的雷恩堡，又在西歌德帝国灭亡之后，宝藏再次被遗留在这座小城的地底。话虽如此，可是从来没有人能够找到真正的所罗门王宝藏。

公元前11世纪，犹太国王大卫（公元前1000年～前960年）统一了以色列和犹太，建立了以色列–犹太王国，将迦南古城耶路撒冷定为统一国家的首都和宗教中心。大卫死后，他的儿子所罗门（约公元前960～约前930年）即位。所罗门统治时期，是以色列–犹太王国手工业、商业、特别是对外贸易的全盛时期，被古代一些史籍描写成犹太人历史上的“黄金时代”。大卫给儿子所罗门留下了一份丰厚的产业：从埃及边界和亚喀巴湾直到幼发拉底河都是他的疆域。所罗门则进一步把这一份产业加以巩固和扩大，从而使犹太民族达到了历史上空前繁荣的程度。

如果说大卫是犹太人的力量，那么所罗门则是犹太人的光荣。为什么称他为“智慧之王”呢？传说所罗门常在睡梦中遇见圣灵，他即位不久就梦见

△ 示巴女王会见所罗门王的油画

耶和华问他最希望得到什么礼物。所罗门回答说，他选择智慧。“智慧”这个词，在古希伯来语中可以当“智慧”讲，也可以当“狡猾”讲。所罗门是兼而有之，他聪明绝顶，却又不失之轻率。

有个流传广泛的故事充分表现了他的智慧。作为犹太人的国王，所罗门同时也是国家的大法官。他审理的第一批案件中，有一桩是关于一个婴儿的，两个妇女都说自己才是孩子的母亲。所罗门令一名侍卫把孩子带来，说要把他劈成两半分给她们。事情果然按照他所预料的那样发生了：孩子真正的母亲恳求侍卫饶了孩子的性命。她解释说：“把孩子给了假母亲，总比让孩子这样惨死好多了。”如此迅速而又明察秋毫的判决，令百姓赞赏不已。因此所罗门广受爱戴，即使是他晚年的愚蠢行为，也未能抵消臣民对他的敬爱。

所罗门20岁登基，这时希伯来王国的版图已达到最大限度，因此所罗门要做的主要是巩固王权，增强国力。在这方面，所罗门颇具手腕，成就卓著。

为完善中央集权，所罗门进一步改组行政机构，增设各项官职。不但朝廷有了新设的宰相，而且在众祭司之上任命其所宠信的撒督为大祭司，开始了延续千年之久的祭司世袭制。更令人瞩目的是，他按地域将全国划分为12个行政区，每区各设一名总督，主要职责是征收赋税、摊派徭役。行政区的划分打破了昔日犹太人各部落的地域。

虽然所罗门并不像他父亲大卫那样是一位身经百战的军事统帅，但所罗门也绝不缺乏军事学识，而是同时具有文韬武略。为维护国内的专制统治，防止外来势力入侵，他十分重视国防建设：一方面，增强京城耶路撒冷的城防设施，并在其四面八方的各个战略要地，诸如通向红海商路的咽喉塔马尔、扼守耶路撒冷的南面要塞哈兰等城市，构筑坚固的防御工事；另一方面，为加强军队战斗力和机动性，大力发展骑兵，制造战车。当时整个王国军队有骑兵12000人，良马40000匹，战车1400辆。所罗门建立了一支庞大的常备军，分布在各战略要地。这是所罗门统治下出现太平盛世的重要原因。在他统治时期，希伯来王国几乎没有遭受任何外敌侵扰。

《圣经》也记述了所罗门建造耶和华神庙的情况："所罗门定意要为耶和华的名建造殿宇，又为自己的国建造宫室。所罗门就挑7万扛抬的、8万在山上凿石头的、3600名督工的。"

按《圣经》所说，所罗门要求修建神庙的15万人都必须是住在以色列的外邦人，整个工程费时7年。这个神殿坐西朝东，长200米，宽100多米，建筑结构严谨，造型美观，内部装饰极为华丽。这个神殿成为古犹太人宗教和政治活动的中心，教徒们都去那里朝觐和献祭敬神。"亚伯拉罕圣岩"围在神殿中央，圣岩长18米，宽2米，是一块花岗岩，它由大理石圆柱支撑着，下面的"岩堂"高达30米。"岩堂"里设有祭坛，坛上存放着刻有"摩西十诫"的石块的圣箱，"摩西十诫"又叫"耶和华十戒条"，耶和华是犹太教的教神。在圣箱内，除存放着这些戒条外，还收藏着"西奈法典"。

圣箱是用黄金制造的，称为"耶和华约柜"，也叫做"黄金约柜"，它被古代犹太人视为关系着犹太民族兴衰存亡的"镇国宝物"。所罗门在"亚伯拉罕圣岩"下修建有地室和秘密隧道。据说所罗门把大量的金银珠宝存放在秘密隧道和地下室里——这就是历史上举世闻名的“所罗门财宝”。

所罗门死后，其继承者耶罗波安执政时期，北部的以色列人在耶罗波安的领导下，得到埃及的支持，攻陷耶路撒冷城，随之以撒马利亚城为首都，于公元前928年建立以色列王国。一度统一的以色列-犹太王国从此分裂了。以后南部的犹太人仍以耶路撒冷城为首都，建立犹太王国。到公元前586年，新巴比伦王国国王尼布甲尼撒二世派遣大军，攻陷耶路撒冷城，灭亡犹太王国，犹太的几乎所有富裕阶层，甚至包括一部分贫困居民，均被掳到巴比伦，成为“巴比伦之囚”。

巴比伦军队在耶路撒冷城内大肆烧杀抢掠，神殿也被付之一炬，变成废墟，巴比伦军队没有发现“所罗门财宝”和“黄金约柜”。它们哪里去了呢？据一些人估计，有两种可能：一是在巴比伦军队未入耶路撒冷城之前，祭司们早已把它们搬运到别的地方，隐藏起来了；二是可能仍然存放在神殿圣岩的地下室和秘密隧道里，地下室和秘密隧道像迷宫一样，巴比伦军队根本无法进入地下室和秘密隧道。

公元前538年，波斯国王居鲁士攻占巴比伦城后，释放了被囚禁在巴比伦的犹太人，约4万多犹太人趁机回到耶路撒冷，重建了耶路撒冷神庙。从公元前4世纪起，马其顿、托勒密、塞琉西诸王国相继侵占耶路撒冷，他们都曾想方设法寻找“所罗门财宝”和“黄金约柜”，可是，结果都是不知其下落。

公元前63年，罗马军队攻占耶路撒冷后，巴勒斯坦属于罗马帝国的一个行省。公元1世纪至2世纪罗马帝国统治时期，也曾经千方百计地去寻找“所罗门财宝”和“黄金约柜”，也同样不知其踪影。

罗马皇帝君士坦丁（公元306～337年在位），大力提倡基督教，在耶路撒冷神殿废墟上建造了基督教大教堂，在“亚伯拉罕圣岩”上建造了祭坛。伊斯兰教兴起后，倭马亚王朝的阿卜杜勒·马立克（公元685～705年在位），在耶路撒冷建造了清真寺。后来在耶路撒冷神殿断垣残壁的地址上建立起城墙，成为伊斯兰圣地西墙的一部分。犹太人把这一段墙称为“哭墙”，每到星期五，都有人到“哭墙”去表示哀悼和进行祈祷。犹太教、基督教和伊斯兰教都奉耶路撒冷为“圣地”，三个教的教徒们都把寻找“所罗门财宝”和“黄金约柜”作为自己的神圣历史使命之一。公元11世纪至13世纪，十字军东征时，许多人涌进耶路撒冷，四处寻找，可是没有人能找到“所罗门财宝”和“黄金约柜”。

两千多年来，直至现代，寻找“所罗门财宝”和“黄金约柜”的活动一直未曾停止过。20世纪初，先有英国的几个冒险家，潜入耶路撒冷城内，在夜深人静时悄悄进入神殿，撬开圣岩边的石板，挖掘泥土，把挖出的泥土运到墙外，直到快天亮时，把原来撬开的石块照原样盖好，不留痕迹，天亮前他们悄悄地溜走。这样，一直秘密地连干了7个晚上，洞越挖越深，却毫无发现。到第八天清早天快亮时，他们的秘密活动被伊斯兰教一个阿訇偶然发觉了。附近的教徒们被喊声惊醒，纷纷手持匕首、木棍等各种武器跑出来抓贼，那几个冒险家被吓得慌忙逃跑。从此以后，教徒们夜晚加强了对神殿的守卫。

有些人认为，“所罗门财宝”和“黄金约柜”，可能早在距今约两千多年前，即在公元前586年新巴比伦王国军队攻入耶路撒冷城之前，就已经转移到“尤安布暗道”里隐藏起来了。

关于“尤安布暗道”，有一段很古老的来历。据传说，早在三千多年前（约公元前11世纪左右），耶路撒冷被外来民族——以布斯人侵占了，所罗门的父亲大卫率领犹太部落去围攻耶路撒冷城的以布斯人。由于耶路撒冷城墙高耸，以布斯人防守严密，大卫久攻不下。一天夜里，大卫部下一个名叫“尤安布”的军官感到口渴，他从军营地来到城边河谷底，发现一个洞窟里涌出泉水，并听到洞里传出阵阵用铅桶打水的声音，只见一个系着绳子的铅桶正在洞窟深处往上升。他明白了：由于耶路撒冷城里很缺水，以布斯人从城内挖了一条长长的地道通到城外的河谷底，每天经过这条地道来到这里汲水。尤安布立即回军营向大卫报告：他发现了一条进入城内的暗道。随后，他带领一支军队悄悄地进入城边河谷底的洞窟，经过暗道进入城内，杀死守夜的哨兵，打开城门，迎接大卫军队进城，打败了城内的以布斯人，这样，大卫就很快地占领了耶路撒冷，并把它定为以色列–犹太王国国都。

由于这条暗道是尤安布发现的，立了大功，所以后人把它简称为“尤安布暗道”——《圣经》里曾提到尤安布暗道攻入城内、打败以布斯人的故事，但没有写明暗道具体在哪里。到所罗门继任国王时，在耶路撒冷锡安山上建造豪华的宫廷和耶和华神殿，并在“亚伯拉罕圣岩”下面修建了地下室和秘密隧道，据传说，所罗门的秘密隧道与上述“尤安布暗道”相通。

自从新巴伦王国军队在耶路撒冷没有找到“所罗门财宝”和“黄金约柜”以后，二千多年来，有些人一直怀疑，很可能在“尤安布暗道”里隐藏着“所罗门财宝”和“黄金约柜”。但“尤安布暗道”究竟在哪里？谁也说不清楚。直到1867年，英国军官沃林上尉在耶路撒冷近郊游览时，偶然发现一个曲折幽深的洞窟。他钻进洞内，一直往前走，经过许多人工凿成的石阶，走到一个水池旁，又发现一眼泉水，他猛一抬头，突然看到岩顶上有个圆洞。他用一根爬山绳爬上圆洞，再顺着暗道继续往前走，经过一道阶梯，大约上了三十多米高，又发现一条曲折的暗道伸进漆黑的山洞，走出了这个山洞后，他终于进入了耶路撒冷城内——他喜洋洋地宣称：古代“尤安布暗道”被他发现了，但他在暗道里并没有发现“所罗门财宝”和“黄金约柜”。有些人不同意英国军官沃林上尉的论断，他们认为，沃林上尉所发现的并不是古代“尤安布暗道”，而是过去人们不知道的另一条地道。

据《圣经》以及其他一些古籍记载，所罗门娶了一位埃及公主为妻后，他还与阿拉伯南部的示巴国王联姻，示巴女王来到耶路撒冷城访问时，带来了一支很大的骆驼队。二千多年来，在国外还有这样两种传说：一说“所罗门财宝”和“黄金约柜”后来由所罗门与示巴女王生的儿子偷了出来，运到阿拉伯南部或者运到埃塞俄比亚古都阿克苏玛隐藏起来了；另一说是由埃及公主偷运到埃及隐藏起来了。许多人曾跑到阿拉伯南部、埃塞俄比亚、埃及等地去寻找，都不见踪影。

有些人坚信，“所罗门财宝”和“黄金约柜”仍在耶路撒冷的秘密地道里。20世纪30年代，美国两个冒险家——理查德·哈里巴特与莫埃·斯泰市，避开人们的耳目，悄悄地钻进传说中古代尤安布发现的那个洞窟，二人随身携带着手电、铁铲等物，怀着十分恐惧的心情，在阴森森的地道里，摸索前进，找到一处土质不同的地方，发现前面有两条曲折的地道，二人估计其中有一条可能是古代以布斯人出城取水的旧道；另一条可能是通向“亚伯拉罕圣岩”的秘密隧道。二人决定沿着其中的一条向前走去，走了150米左右，似乎隧道已到了尽头，连接的是朝上去的石阶，可是台阶与通道都被大量泥沙堵塞了，无法前进。二人用随身携带的铁铲不断地挖掘泥沙，挖出的泥沙就堆在地道里，地道几乎被泥沙塞住了退路，可是，台阶上的流沙却仍然不断地流下来，就像有什么人在故意捣乱似的，似乎永远无法清除台阶上那些源源不断的流沙，两个人觉得台阶上似乎有威力无穷、不可捉摸的神秘力量在使流沙不断地流下来，越挖掘，流沙就越流越多，如果停止不挖，流沙也就停止不流，二人心中十分害怕，惊慌失措，急忙沿着原路退回。出来后二人竭力夸大和渲染地道里恐怖可怕的情景，令人听而生畏。1939年3月，理查德·哈里巴特乘小帆船横渡太平洋，遇到狂风恶浪，帆船沉没，遇难身亡。从此，再也没有人知道那条神秘的隧道了。

另有一些学者认为，所罗门担任国王时，经常派船出海远航，每次归来总是金银满舱，所以人们纷纷猜测，在茫茫大海中必有一处宝岛是所罗门王贮藏黄金的宝库，那些黄金就是从那座海岛的宝库中载运回来的，但这始终是个谜。

到公元1568年，西班牙航海家门德纳率领一支考察队第一次踏上这个海岛时，他们见到岛上土著居民身上都佩戴着金光闪闪的黄金饰物，以为是找到了古代所罗门王的黄金宝库，于是把这里取名为“所罗门群岛”，这就是所罗门岛国名称的由来。从此以后，欧洲很多人跑到所罗门群岛去寻找“所罗门财宝”。由于所罗门群岛位于西南太平洋中，由6个大岛和九百多个小岛组成，散布在60万平方公里的海面上，岛上全境90％的面积覆盖在森林丛莽中，因此，寻宝活动很难开展，几百年来，千千万万的寻宝者在这个岛上一无所获。有人认为，所罗门群岛上并没有“所罗门财宝”。

“所罗门财宝”和“黄金约柜”究竟隐藏在哪里？这已是千古奇谜。国外还有许多人一直在想方设法揭开这个谜底。

英雄史诗中的宝藏

在欧洲中世纪，有一篇被誉为德语的《伊利亚特》的长篇英雄史诗——《尼伯龙根之歌》。它将史实糅合在北欧古老的传说中，讲述了英雄西格弗里德的故事，情节跌宕起伏，将正与邪、光明与黑暗之间的交锋的描写得惊心动魄，日耳曼民族的爱憎分明在诗里体现得淋漓尽致。

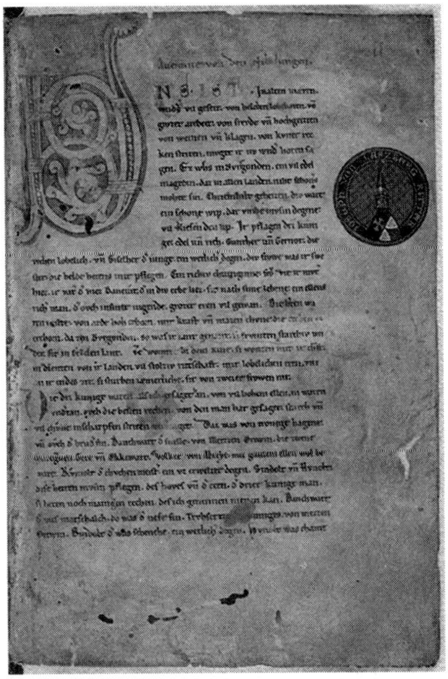

△《尼伯龙根之歌》第一页，时间约为1230年

这个故事大致是这样的：古代尼德兰王国有位王子名叫西格弗里德，他非常勇敢而且力大无穷，曾经战胜巨龙，夺得著名的尼伯龙根宝藏。王子帮助勃艮第国王成功迎娶冰岛女王，通过了国王的考验，自己也得以和国王的妹妹克琳希尔德结婚。婚后，生性残忍傲慢的冰岛女王知道自己败给西格弗里德后，怀恨在心，唆使心腹哈根暗算了他，并且抢走了尼伯龙根宝藏。西格弗里德的妻子克琳希尔德为了替丈夫复仇，不惜嫁给匈奴王。克琳希尔德忍耐了了十几年，终于等到一个复仇的机会。她以匈奴王的名义，用计将冰岛女王一行骗到匈奴国，将勃艮第军队打得落花流水，并砍下了杀夫仇人哈根的头颅……哈根至死没有讲出尼伯龙根宝藏的下落。根据故事的暗示，哈根应该是将宝藏沉入了莱茵河。

历史上是否真有尼伯龙根宝藏，我们不得而知。但是，勃艮第人和他们建立的王国确切存在的。他们是日耳曼人的一支，喜好打战扩大边疆。公元

411年，勃艮第国王扶持了一个罗马傀儡皇帝乔维努斯，以他的名义侵入莱茵河东岸。同一时期，崛起于欧亚草原的匈奴族向欧洲西部大迁徙时经过莱茵河岸，将勃艮第人打得落花流水，撤出莱茵河，退到日内瓦湖畔。由此可见，匈奴国打败勃艮第人也是确有其事的，而且这个匈奴王的原型，便是匈奴王阿提拉。

1837年4月的一天，两名罗马尼亚采工在艾斯崔塔山的河边采石。突然，汗流浃背的他们发现有两块大石头之间的泥土有些异样，拨拉开最上面一层薄薄的泥土，一些闪闪发亮的东西耀花了他们的眼睛：一堆黄澄澄的金块，上面还覆盖了一个金色的大网盘，这是他们的采石生涯中碰到的最神奇的事件。天！他们俩将采石的任务丢到了脑后，奋力往下挖，果然，又挖出了一些金杯、金酒壶、金发饰……喜出望外之余，如何处置这些宝贝，让这两个目不识丁的采石工皱起了眉头。此外，两个大半辈子都很少踏出村里的采石匠，谁也不敢确定这些宝贝的价值。于是他们商议：先将挖出来的一部分宝贝拿给识货的人鉴定，如果值钱，再来挖剩下的。于是，两名采石工兴致勃勃地捧着一堆宝贝，去找见多识广的石匠维鲁斯。维鲁斯仔细询问了发现宝物的始末，并细细地察看了这批宝物，心里暗暗惊讶，但表面仍不动声色。他对两人说，根据他的经验，这些宝贝打造虽精美，但材料大部分是黄铜，不是黄金，所以值不了几个钱。看到两名采石工露出失望的神情，维鲁斯又接着表示，他有门路在首都布加勒斯特将这批“黄铜”器皿出售，因此用4000个罗马尼亚的钱币（约500马克）和一些衣物向两名工人交换这批器皿和剩下的“破铜烂铁”。本以为白忙活一场，没想到还小有收获，这让垂头丧气的两名工人喜笑颜开。就这样，维鲁斯得到了这批宝物。

也许是两名采石工茶余饭后的谈资，也许是维鲁斯自己走漏了风声，一批宝藏在皮埃拖斯勒村庄被发现的消息不胫而走，甚至连国王都有所耳闻。不久，一队国王派来的人马来到了维鲁斯家中，命令他指出藏宝的地点。维鲁斯很不情愿地将他们带到一条小河边，但是人们在此地挖掘了一天，才找到极少量宝藏。是维鲁斯将宝藏转移到了另外一个隐秘的所在吗？没有人知道，但是维鲁斯却一口咬定宝藏埋藏在河边，很可能是河水涨潮的时候冲走了。国王的人也拿他没办法，就这样，宝藏的下落不了了之。

鉴于大批宝藏不知所终，挖掘到的小部分宝藏受到高度的重视。它们的数量共22件，全都是黄金铸造的器皿，但其中有10件已经遭到损坏，几乎辨认不出原样了，还有12件宝物经过精心修补，重现世间，在1867年的巴黎世界博览会大放异彩。它们是：金酒壶，一只鹰头装饰的金别针，三个镶有宝石的扣针，一个圆形的、中间镶有哥特式风格的女神雕像的金盘子……都是四世纪时期哥特式艺术风格的完美体现。而且，如果采石工们所言非虚，宝藏的数量还很庞大，极有可能就是传说中的“尼伯龙根宝藏”。

△ 齐格飞与克瑞姆希尔特

可是，关于这批“尼伯龙根宝藏”的故事还仍然没有结束。在博览会展出之后，宝藏被转移到了布加勒斯特的罗马尼亚国家历史博物馆收藏。8年之后一个漆黑的夜晚，一个大学生居然躲过了博物馆的保安系统和值班人员，将数件文物偷走。第二天，看到空空如也的展示柜，博物馆的工作人员这才大惊失色。警察也在全城内展开搜捕，终于在一条陋巷的一所房子里发现了这批珍宝。原来，大学生已经将它们卖给了珠宝商，珠宝商为了逃避追捕，打算将它们熔化成为金块。谁料警察还是快了一步，珠宝商才刚将珍宝放进熔炉，警察就破门而入了。事情就是这般凑巧，也许是上帝不忍心看到这批珍宝被熔化成一块块形状丑陋的金块吧。

宝藏又回到了博物馆，但它多舛的命运还在继续。不知道是人为疏忽还是意外，几年后，博物馆遭遇了一场大火，这批宝藏差点被熊熊烈火吞噬。最后，它们还是抢救了出来，但受到损坏的部分，却再也恢复不了原状。

第一次世界大战爆发后，为了不落入敌军之手，宝藏被转移至另外一个城市雅西。在那里，它们没度过几天安稳的日子，又被入侵的俄国人抢走。几十年后，经过不断争取，罗马尼亚人才终于迎回了这批历经劫难的、目睹人世沧桑的宝藏。

这个宝藏，后来被证实是哥特人的国王阿塔拉里希几乎于同一时期埋藏的宝藏。真正的尼伯龙根之宝在哪里呢？有人问。德国人谢尔曼按照《荷马史诗》的指引，找到了希腊古城遗迹。那么，有没有人拿着《尼伯龙根之歌》，寻找失落了的尼伯龙根宝藏呢？这个人在20世纪70年代终于出现了。业余考古爱好者汉斯·雅各比开始按照史诗的记载，寻找尼伯龙根宝藏。他认为，史诗里大部分故事有迹可寻，说明作者是个比较注重史实不喜欢杜撰的人；尼伯龙根宝藏贯穿着故事的始末，应该不是凭空捏造。也许这笔巨大的宝藏，如同史诗中描述的一样，在受到外敌入侵时，被人沉入了莱茵河河底。

为了掩人耳目，按照常理推断，应该在河水最深且最不易发觉的地方。为此，他做了周密的准备，弄清莱茵河河床几百年来的变化。莱茵河平均只有几米深，但在离沃尔姆斯15千米远的格尔默尔斯海姆处，莱茵河转了个几乎180度的大弯，河水也却特别深。水流十分强大，且河床上满是冲蚀而成的洞穴。因此，雅各比博士打算从那里入手，配备了现代化的科学仪器，诸如探测器、雷达、潜水镜等设备，雅各比博士充满信心，世人也翘首以待。毕竟，世界充满奇迹。

人面狮身像是一座藏宝图的标记吗

在大金字塔脚下，通往吉萨高地的东方之路上，坐落着一座巨大的岩石雕像，这就是举世无双的狮身人面像。也许是它旁边的大金字塔太有名了，或是有关大金字塔的奇闻逸事太多了，以至于很长时间以来，无论是研究者还是旅游者，都把它当做大金字塔的附属品来看待。但这些年来，通过一些科学家们的深入研究，得出结论：真正的历史不是这样的。

狮身人面像全长732米，高20.3米，是全世界最大的雕像，经历了多少年的风雨，姿态依然优美。在相当长的一个时期内，人们曾经以为狮身人面像是在公元前2600年左右，由埃及第四王朝时期的法老卡夫拉下令建造的。但随着科学技术的不断发展，有些科学家对狮身人面像的建造年代及其用途和目的作出了新的解释。

近年来，比利时天文学家罗伯特·波法尔等人发现，整个吉萨高原上的古迹其实反映的是公元前10500年的天象，而狮身人面像是其中一个不可缺少的组成部分。狮身人面像的位置正对着公元前10500年春分日出时狮子星座的方向，形成天狮与地狮对应的奇观。而这一景象发生的时间，正是狮子座的时代。同时电脑模拟显示，公元前10500年，春分点就处在狮子座后爪的正下方。而根据古埃及神话传说和一些文件记载，远古时代的智慧经典仍被秘密隐藏在吉萨的某个地方。因此有人认为这显然是一个不寻常的提示，把天象中的坐标转换为地上的坐标，便暗示着那些远古时代的宝藏就埋藏在狮身人面像下的岩石之中。

那么，狮身人面像真是太古洪荒时代遗留下来的一份藏宝图的标志吗，它守护着的是否是人类远古时代最重大的秘密呢?

根据电脑模拟显示，有人认为这暗示着狮身人面像下方埋藏着某种远

△ 狮身人面像

古的宝藏。而根据埃及某些文件和神话传说，古埃及的智慧之神索斯，曾将远古时代的知识写成42卷经典，刻于石壁，藏入地下，留给后代那些“有资格得到这些知识的人”。而在公元前2400年埃及第五王朝留下的金字塔经文中，也记载着吉萨的地下封存着远古时代的法老欧西里斯的某种秘密。

伴随着这种种假设，麻烦也随之而来。因为这些假设都是在一个很重要的问题明确之后才能够成立的，这就是：狮身人面像的准确建造年代是什么时代？如果解决不了这个问题，宝藏的事根本无从谈起。

在这个问题上，引起了科学界的争论。按照传统的观点：狮身人面像是由公元前2600年的埃及第四王朝时期的法老卡夫拉下令建造的，其主要证据是1817年在狮身人面像附近发现的一块石碑，碑文中刻有象形文字Khaf的字样，比起卡夫拉的名字Khafre只少后边两个字母，翻译碑文的考古学家认为是这两个字母磨损了，因此判断为卡夫拉。这块石碑现在被竖立在狮身人面像两只前爪之间。这个卡夫拉也就是建造了第二大金字塔的卡夫拉，有些学者并认为狮身人面像的脸部就是卡夫拉的雕像。

但另一些科学家不这么认为，他们解释道：古埃及所有碑文中的法老名字都是用椭圆形图案圈起来的，而这块碑文中的khaf这几个字母却不带椭圆形图案。因此这几个字母是不是卡夫拉的名字还是疑问。而在历史上，狮身人面像曾几次被沙土掩埋到颈部。人们不得不多次清除埋住雕像身体的沙土。那块石碑是纪念为雕像清除沙土的法老图特摩斯四世而立的，因此有人认为即使碑文中有卡夫拉的名字，也不能证明狮身人面像就必定是卡夫拉建造的，也可能卡夫拉只是为狮身人面像清除过一次沙土而已。而在吉萨发现的另一块石碑即“库存表石碑”，碑文中说法老胡夫曾看见过狮身人面像，而胡夫是卡夫拉的长辈，如果这一记载属实，那么狮身人面像的年代应早于卡夫拉时代。

1961年，法国学者施瓦勒最先发现狮身人面像的头部以下部分有明显的被水侵蚀的痕迹。此后，美国考古学家魏斯特和地质学家修奇又进一步论证了狮身人面像被侵蚀的痕迹系雨水而非风沙所造成，特别是修奇从地质学专业的角度，对此作了深入细致的研究，并在1992年美国地质学年会和先端科学协会全年会上就此作了发言，他指出，在狮身人面像的部分壁体上，“侵蚀痕之深达2米左右，使得外观看来蜿蜒弯曲，好像波浪一般”，这种波浪状外观是纵向深裂纹与横向洼洞的组合，是“典型的教科书范例，很明显，是石灰岩经过几千年激烈的风吹雨打的痕迹”，这一令人信服的解释得到了大多数地质学家和考古学家的认可。

我们都知道，现在的吉萨高原一带邻近撒哈拉大沙漠，气候干燥，雨水稀少。不仅现在，而且据记载，从公元前3000年的法老时代起，就一直这样。建于这样干燥地区的狮身人面像上为什么会有被雨水侵蚀的痕迹呢？对此，魏斯特的解释是：“从第四王朝时代，也就是公元前3000年以来，吉萨高原上一直没有足够的雨水能造成狮身人面像身上的侵蚀痕迹，我们必须要回到公元前1000年，才能在埃及找到足以如此大规模地侵蚀大石块的坏天气。因此，狮身人面像必定建造于公元前1万年以前。然而，既然狮身人面像是如此规模宏大而复杂的工艺品，我们可以推论：它必定是由一个高度文明所完成的，所以在公元前1万年，埃及应该已经有一个高度文明。”

魏斯特的推论与气象学家们对古代埃及气候的研究完全相符。公元前1万年前，撒哈拉沙漠尚未形成，远至古埃及还都是一片葱绿的大草原，气候比现在要湿润得多。而在公元前10500年前后的两三千年间，即冰河时代末期，当地开始不停地下雨，一直下到大洪水来临、环境大变为止。等洪水过后，气候逐渐变得干燥。直至公元前7000年后才有了一段雨水较多的时期，然后又回到漫长的干燥期，直到现在。而从1970年起，霍夫曼、哈珊、温道夫等地理学家、考古学家、史前史学家不约而同地在相关学科提出了新的证据，证明在公元前11000年～9000年这段时期，尼罗河低地发生过多次大规模的洪水，对当地产生过严重的破坏，并将公元前13000年开始的古埃及农业实验成果也破坏殆尽。因此，如果狮身人面像确实是遭到雨水侵蚀，那么它必然是在大洪水之前或冰河时代末期结束之前已经存在。

如果狮身人面像远比卡夫拉的时代久远，那它的脸部也应该不是卡夫拉的雕像。1993年，一些学者邀请美国纽约警察局专门鉴别嫌疑犯肖像的法医高手弗兰克·多明戈对此进行鉴定。多明戈在几个月中仔细地比较了狮身人面像与卡夫拉雕像的上千幅照片，认为狮身人面像不是卡夫拉。

那么，根据这个结论，我们可以知道狮身人面像是在大约公元前1万年建造的。在这一点得到确认之后，问题随之而来：前面所提到的宝藏究竟在哪里呢?

魏斯特在对狮身人面像的深入观察中发现，这个巨大的石像并不是像过去有些人认为的那样简单地利用一个凸起的小山包雕成的，而是在一块高地上挖掉周围多余的岩石建成的。这就是说，在施工时，先要沿着准备雕成狮形的石灰岩巨石的中心点，开凿出一道大堑壕，并将周围的岩石全部切除。因此，狮身人面像周围的地面比吉萨高原正常的地面要低好几米，这也是导致狮身人面像在历史上多次被沙土掩埋的根本原因。而这些切割下来的石块，被运到附近建成“河岸神殿”。这使他感到，在建造狮身人面像中可能使用了一些我们今天仍未掌握的技术。狮身人面像体积虽大，但只要有足够的石工，雕刻起来并没有什么困难。而困难之处在于如何将雕像周围的石头切开，使雕像与地面分离。即使运用现代最为先进的器械与技术，对此仍有很多问题无法处理。

1990年，美国地球物理学家托马斯·多比奇等人在用地震测量仪检测狮身人面像时，发现在狮身人面像身体下距地面5米处的岩床里有一个12米长、9米宽的长方形洞穴。由于这个洞穴呈规则的几何形状，与天然洞穴完全不同，多比奇认为这是一个人工洞穴。这一发现，进一步激起了人们对狮身人面像下埋藏的远古宝藏的兴趣。有些人立刻想到电脑模拟的天象图中春分点在狮子座后爪下的位置，经过研究和比较，这一位置于狮身人面像下洞穴的位置基本相同。

1999年3月8日，埃及政府史无前例地在摄像机面前打开了埃及第四王朝卡蒙塔纳比梯王后二世的金字塔，在美国福克斯电视台向全世界的现场直播中，埃及官方吉萨古迹总监、考古学家哈瓦斯在狮身人面像前宣布：他脚下确实有巨大的地下宫殿，即欧西里斯的神殿。他说："地下宫殿共三层，前两层是空的，真正的神殿在地下深处的第三层。神殿里有4根巨大的石柱，包围着一个置放在水池中的巨大石棺。地下宫殿的宏伟令人叹为观止，而石棺中藏的究竟是不是重大秘密或传说中的史前典籍呢？"

埃及有关部门对此表示："地下工程的发掘工作远没有结束，现在才刚刚开始。"但实际上，他们并没有立即着手安排发掘，目前仍处于准备阶段。

从保护古迹的意义上讲，埃及有关部门的做法是完全正确的。在古代遗迹的情况尚未完全弄清、也没有绝对把握能够发掘后对其提供可靠保护的情况下，就匆忙动手发掘古迹，结果很可能对古迹造成严重破坏。不论在埃及还是在其他国家，都不缺乏这样的教训。因此，还是先进行准备工作，等将来条件具备了再着手发掘更好一些。

虽然挖掘结果难以预料，但有一点可以肯定：狮身人面像是整个吉萨高地表示远古时代天象的古建筑群的一部分，是狮子座时代指示春分点的标志，同时在某种意义上，也可以说是起着藏宝图的作用。而从它的设计构思、建造技术以及它蕴含的天文学和数学信息来看，它确实出于一个在太古时代就已高度发达的文明之手。而且，在它的地下宫殿中蕴藏的秘密不论是否是传说中史前智慧的典籍，对了解人类远古时代的文明史都具有不同凡响的意义。破解这一秘密，不仅是考古学家的渴望，也是世界上每一个普通人的渴望。

“希望”蓝钻石之谜

“希望”蓝钻石是世界上屈指可数的钻石王之一。1947年，“希望”蓝钻石的标价为1500万美元，这是它的最后一次标价。而如今，“希望”蓝钻石的价格已远不如此了。自从1947年后，“希望”蓝钻石再也没有被拍卖过。1958年，“希望”蓝钻石被占有它的最后一个主人、美国珠宝商海里·温斯顿捐赠给了华盛顿史密斯研究院。在该院的珠宝大厅里，“希望”蓝钻石陈列在一个防弹玻璃柜里，与各国帝王加冕礼上用过的珠宝媲美。那幽幽的蓝光仿佛在向来自世界各地的游客诉说着它那神秘的历史。

“希望”蓝钻石问世于500年前，在编基伯那河畔的一座废弃的矿井里，一个路过的老人偶尔瞥见一块熠熠闪光的石头。经辨别，竟是一枚硕大的蓝钻石。老人请工匠将钻石进行粗加工，加工后的蓝钻石还有112.5克拉。老人去世后，他的3个儿子为这枚钻石大打出手，结果钻石被族长充公，下令镶嵌在神像的前额上。

一天深夜，一个抵不住钻石蓝光诱惑的年轻人偷走了钻石。但仅仅几个小时，他就被守护神像的婆罗门捕获，被活活打死，成为蓝钻石的第一个牺牲者。蓝钻石重新被镶嵌在神像的前额上。

17世纪初，一个法国传教士用斧头劈死两个婆罗门，用沾满鲜血的双手将蓝钻石攫为己有。传教士将蓝钻石带回了自己的故乡，可是在一个雷雨交加的晚上，他被割断了喉管，蓝钻石也不知去向。

40年后，蓝钻石落入巴黎珠宝商琼·泰弗尼尔手中，他随即脱手，将钻石卖给了法国国王路易十四。数年后，琼·泰弗尼尔到俄国做生意，竟被一条野狗活活咬死。

路易十四对这枚蓝钻石爱不释手，经过琢磨，他把蓝钻石镶嵌在象征着王权的王杖上，取名为“法国蓝宝”。可是不久后的一天，他最宠爱的一个孙子不明不白地死去了。路易十四受此打击后，不久也撒手归天。

路易十四死后，“法国蓝宝”落入蓓丽公主之手。她将钻石从王杖上取下，作为装饰挂在她的项链上。1792年9月3日，在一次偶发的事情中，蓓丽公主被一群平民百姓殴打致死。

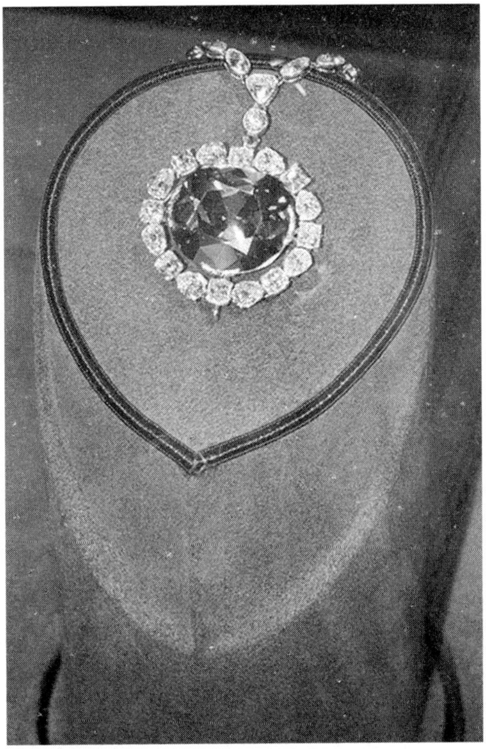

△ 展览中的希望钻石

“法国蓝宝”由蓓丽公主的宠物变为路易十六的珍玩。可是一场法国大革命的风暴把国王路易十六和王后玛丽·安东尼送上了断头台。“法国蓝宝”在这场大革命中被皇家侍卫雅各斯·凯洛蒂乘乱窃取。

法国临时政府在清点国库时，发现“法国蓝宝”失踪，于是贴出告示：凡私藏皇家珍宝者处以死刑。侍卫雅各斯·凯洛蒂闻讯后终日不安，精神发生错乱，最后自杀而死。

40年后“法国蓝宝”为俄国太子伊凡觅得。伊凡在寻花问柳时，为了讨得一个妓女的欢心，竟将“法国蓝宝”拱手相赠。一年后，伊凡另结新欢，对赠宝之事后悔不已，决定追索回来。可是，那个妓女死活不依，伊凡一剑刺死妓女，夺宝而归。然而时过未久，伊凡皇太子在宫中死于非命。

神秘的“法国蓝宝”给占有它的主人带来的厄运比巫师的诅咒还要灵验，人们视之为不祥之物。尽管如此，世界上还是有许多贪婪的目光盯着它，希冀有朝一日成为拥有它的主人。

“法国蓝宝”从伊凡皇太子手里转移到女皇加德琳一世手里。女皇意欲将钻石镶在皇冠上，于是命人将“法国蓝宝”送至荷兰，交由堪称世界上一流手艺的威尔赫姆·佛尔斯进行精心加工。经过威尔赫姆·佛尔斯的精心雕琢，“法国蓝宝”被切割成现在的样子，它的每个面都闪着诱人的蓝光。加工后的钻石重44.4克拉。钻石加工好以后，钻石匠的儿子不辞而别，将钻石带到英国伦敦去了，无法交差的钻石匠只好服毒自杀，以谢女皇。而他的儿子后来在英国也自杀身亡，死因不明。

英国珠宝收藏家亨利·菲利浦在一个不愿透露姓名的人手里以9万美元购得了这颗钻石，命名为“希望”。1839年，亨利·菲利浦暴死。他的侄子成为“希望”蓝钻石的主人，这位钻石的主人将钻石置于展厅公展。

20世纪初，一个叫杰奎斯·赛罗的商人购得了“希望”蓝钻石，但不久他却莫名其妙地自杀了。

钻石又流落到一个俄国人康尼托夫斯基手中，此人不久遇刺而死。

哈比布·贝购下了钻石，接着转卖给西蒙。传来消息说，哈比布·贝及其家人在直布罗陀附近的海中不幸淹死，西蒙则在一次车祸中全家丧生。

钻石辗转到了土耳其苏丹阿卜杜拉·哈密特二世手中，一个王妃为此丧生，苏丹本人于1909年被土耳其青年党人废黜。

“希望”蓝钻石的下一个主人是华盛顿的百万富翁沃尔斯·麦克林夫妇。自从拥有这颗钻石以后，灾难就像影子一样追随着他们，他们的儿子和女儿先后遭遇了不幸。

1947年，海里·温斯顿以1500万美元购进“希望”蓝钻石，成为钻石的最近一个主人。

“希望”蓝钻石自问世以来，历经沧桑，周游列国，其间，更易的主人有数十人之多。可是“希望”蓝钻石并没有给占有它的主人带来希望，相反，除少数几个人外，其余的主人屡遭厄运，甚至命丧黄泉。这是为什么呢？是巧合还是冥冥之中存在着一种人们尚未所知的神奇的力量呢？也许有一天，“希望”蓝钻石能满足人们探究这个秘密的希望。

北京故宫宝藏之谜

凡进过北京故宫紫禁城的人，无不被它的磅礴大气所震撼，为它的红墙黄瓦、雕梁画壁所折服，然而每一个走进去的人在心底又总会留有些许的遗憾，因为总是有众多神秘莫测的大门从未向游客敞开，让人们不禁想一探究竟。其实就在那一个个看似荒芜的院落里，一大批珍稀罕见的金银玉器、名人字画、历史文献正静静地躺在那里，享受着它们近一个世纪以来难得的安逸与肃静。

中国近代史上最为惨痛的一次国宝流失，发生在末代皇帝溥仪退位期间。他以赏赐其弟溥杰为名，将1200余件历代书画珍品盗运出宫。这批书画从此踏上颠沛流离之路，从北京的醇王府至天津的张园、静园，再随溥仪到长春，成为伪满洲国的藏品，并随着1945年伪满洲国的覆灭而又一次遭逢劫难。

1911年辛亥革命胜利后，清政府宣布退位，这座宫殿本应全部收归国有，但根据当时临时革命政府拟定的《清室优待条件》，溥仪被允许“暂居宫禁”，仍然居住在紫禁城。但暂居紫禁城的溥仪自知皇宫已不可久待，于是以赏赐自己弟弟溥杰的名义，陆续将宫中大量的秘籍、珍宝盗窃出宫。

1922年7月13日，溥仪开始以“赏赐”其弟溥杰为名，趁溥杰、溥佳二人每天上午进宫伴其读书之机，首先将大批珍贵的宋、元版善本书偷运出宫，因为善本书与溥杰兄弟平时随身携带的课本大小相类，方便携带，两个多月来竟然没有引起“内城守备队”值勤士兵的怀疑。于是，一场规模更大的盗运活动开始酝酿。

从1922年9月28日开始，溥仪先是几天“赏”一次，每次10卷或10册，后来几乎是逐日“赏赐”，赏赐数量也渐渐变多。清朝历来有通过赏赐笼络

△ 北京故宫

贵胄亲王、股肱大臣的习惯。嘉庆年间用宫中所藏书法名画进行赏赐渐渐增多，道光以后，赏赐更是有增无减，仅颁赐恭亲王奕砢的就包括宋徽宗赵佶的《五色鹦鹉图》、陈容的《九龙图》等名作，所以，溥仪以“赏赐”为名进行的盗宝活动并没有引起当局的注意。根据国民政府“清室善后委员会”1925年7月31日发现的“赏溥杰单”和“收到单”统计的数字，至1922年12月12日，溥仪总共盗出历代书画手卷1285件，册页68件，而事实上，尚有大批隋、唐、宋、元的珍品没有登记到清单上。

这种局面一直持续到1924年10月底，直系冯玉祥发动“北京政变”。11月5日，新任卫戍总司令鹿钟麟和警察总监张璧率兵进入紫禁城，迫使溥仪迁出了紫禁城，也终止了溥仪和清朝遗老们的盗宝活动。

被盗出的书画、古籍，先是被送往了溥仪之父载沣的醇王府中，并分装成七八十口大箱，通过铁路运抵天津英租界。溥仪被逐出宫后，居住于醇王府，不久又躲进了日本驻华公使馆。1925年2月23日，在日本警察的护送下，溥仪潜至天津，在日租界原前清名将、湖北提督、武昌第八镇统制张彪的私宅张园安顿下来，并在天津成立了所谓“清室办事处”。

为了维持“小朝廷”的活动和自己的奢华生活，溥仪开始通过各色人等搭桥出卖盗运出宫的字画。据胡嗣瑗《直庐日记》手稿（辽宁省图书馆藏）四月初六日记录：“交下朱益藩二十八日手函，知日使馆代运回画卷，计《寒林图》、《茂林远岫图》、《疗风图》、《牧羊图》、《豳风图》、《花卉》凡六件，均已交到不误……”这段资料真实记录了溥仪向外国人出售国宝的史实。溥仪在天津究竟卖出多少书法名画，已无案可稽，但据王庆祥先生撰《伪满小朝廷》，溥仪充任伪满洲国傀儡皇帝后，暂存在天津的国宝陆续运抵长春伪皇宫。装有古玩珠宝的金库，存放于“内廷”缉熙楼客厅，其中古籍和书画部分，则整箱置于伪宫东院的图书楼楼下东间，在这座时称“小白楼”的楼房中，沉寂了13年。1945年8月10日，日本节节败退，伪满洲国迁往通化，慌乱中，溥仪只能选择书法名画精要携逃，唐周棠《簪花仕女图》、唐摹《万岁通天帖》（现均藏辽宁省博物馆）、五代黄筌《写生珍禽图》（现藏北京故宫博物院）等均在其列。但大量的书画则被留在了“伪皇宫”，遭到看守伪军“国兵”的哄抢。争夺中，有些名迹被严重破坏，如北宋大家李公麟的《三马图》（现分藏于北京故宫博物院和香港私人处）至少被撕裂为三截，米芾的传世名迹《苕溪诗六首》（现藏北京故宫博物院）被撕抢为碎片，有些竟被毁得不能再现人间，如初唐虞世南的《积时帖》墨本。

而跟随溥仪逃往通化的国宝也未能幸免。随着时局的变化，当时伪满洲国货币已失去流通价值，只能用携带的珠宝和名贵书画，以低廉的价格换取一行人的生活用品，致使大量国宝流失民间。后来，人们在土改运动中发现的唐代韩干的《神骏图》、相传为南宋初期赵伯驹所作《莲舟新月图》（现藏辽宁省博物馆）、20世纪60年代北京琉璃厂宝古斋购得的元代赵孟頫的《水村图》（现藏北京故宫博物院）等卷，都是当时流落民间的珍宝，但更多的珍宝却早已下落不明，成为不解之谜。

太平天国翼王石达开身后留下了巨额宝藏吗

石达开（1831～1863年），小名亚达，绰号石敢当，广西贵港人，客家人，太平天国名将，近代中国著名的军事家、政治家、武学名家。石达开是太平天国最富有传奇色彩的人物之一，十六岁“被访出山”，十九岁统率千军，二十岁封王，被杀时年仅三十二岁，有关他的民间传说遍布他生前转战过的大半个中国——而他身后是否留下了巨额宝藏便是其中之一。

据说石达开在兵败大渡河前夕，把军中携带的大量金银财宝埋藏于某隐秘处，并留有一纸宝藏示意图，图上写有“面水靠山，宝藏其间”八字隐训。民间传说，后来这张藏宝图被国民党四川省主席刘湘得到，他按图找到了藏宝的地点——大渡河紫打地口高升店后山坡下，并秘密调集一千多名工兵前去挖掘，工兵们从山壁凿入，果然挖到了3个洞穴，洞穴的门口均砌有石条，以三合土封固。但是挖开两个洞穴，里面除了有些零碎的鎏金铜器、金抹额、银带扣、吊刀、玉额花、袖箭筒、护手、木刻品等少量的残缺物件外，并未发现大批量的宝藏。这些物件后来被装箱运往成都，由省政府机要秘书廖佩纯转交刘湘的夫人刘周书收存。后来工兵们又准备挖掘第三个大穴时，被军统的耳目侦知，并迅速上报给了蒋介石，蒋介石得知后迅速派古生物兼人类学家马长肃博士等人率领川康边区古生物考察团前去干涉，并由故宫古物保护委员会等电告禁止挖掘。刘湘被迫停止了挖掘，此后不久，刘湘即奉命率部出川抗日，掘宝之事也被迫中止。这件事在《世界藏宝之谜》、《宝藏的故事》等书也有记述，说法大致相同。但是，刘湘挖到的洞穴到底是不是石达开埋藏的宝藏呢？要想弄清这件事情，除了考古发掘外，还要看看当时在大渡河畔前前后后到底发生了什么。

石达开是一位军事奇才。他早年加入拜上帝会，同洪秀全、冯云山、萧

△ 石达开雕像

朝贵、杨秀清等人发动金田起义。后来被封为翼王，率军为先锋，从广西一路打到南京，因军功卓著，成为太平天国的主要统兵将领之一。太平军西征时期，曾被曾国藩的湘军所败，节节后撤。这时石达开奉命率军到九江前线增援，他一面指挥九江等地的守军顽强抗敌，一面将自己的精锐分成几个小组，设计将曾国藩的湘军水师围困在鄱阳湖内，使用火攻计策焚烧，这一战几乎全歼了曾国藩的水师军队，急得曾国藩要跳水自杀。后来石达开又率军一举摧毁了清军的江南大营和江北大营，解开了清军对天京的围困，使太平天国在军事上达到了全盛时期，石达开也因为军功卓著受到太平军将士们的一致拥护。

1856年夏天，杨秀清因逼天王亲到东王府封其万岁，引起洪秀全的不满，洪秀全密令正在安徽督师的北王韦昌辉回京调解。韦昌辉同杨秀清素来积怨很深，他率兵回京杀死杨秀清及其家属部众两万多人。石达开见天京有事，急忙赶回天京，结果杀红了眼的韦昌辉又想杀石达开，石达开在部众的帮助下逃出天京，韦昌辉就索性杀了他的全家和部众两万多人。石达开逃回江西前线之后，立刻率领亲兵几万人，东返天京找韦昌辉报仇。洪秀全见如此下去局面将难以控制，便在天京军民的配合之下，杀掉了韦昌辉，才最终平息了这场血流成河的内讧。石达开回京之后，尽弃前嫌，甚至连杀害了他全家的韦昌辉的父亲和兄弟都不许伤害。他想竭尽全力稳定因天京变乱而造成的混乱局面。但是，石达开的一片忠心反而引来洪秀全的猜忌。他见石达开辅政以来，功勋卓著，很得人心，又见石达开手下的部队都是太平天国的精锐之师，军力雄厚，害怕石达开会像杨秀清、韦昌辉一样对自己不利。因此，对石达开时有不乐之心，深恐人占其国，使洪氏一家一姓的天下失之旦夕。为了牵制石达开，洪秀全分封他的哥哥洪仁发为“安王”，洪仁达为“福王”，负责管理军队的粮草，并参与国事，以此来牵制石达开。洪秀全的这种做法违背了他起义之初许下的“非金田同谋首义、建有殊勋者不封王爵的规定”，也极大地伤害了石达开的忠心。

石达开害怕洪秀全会对自己“阴图戕害”，最后落个“忠而见逼，死且不明”的悲惨下场。无奈之下，石达开率部二十万离京西上。为表明自己的忠心，他一路上张贴布告：“吾当远征报国，待异日功成归林，以表愚忠耳。”石达开率领十几万大军，转战多地都没有成功。在没有根据地的情况下，军队损失惨重，缺草少粮，士气低落。湘军统帅曾国藩也看出了这一点，高兴地说，石达开“既钝于浙，钝于闽，入湘后又钝于永祁，钝于宝庆，裹胁这人愿从者渐少，且无老巢以为粮台，粮米须掳，子药须搬，行且自疲于山谷之间”，应加紧围攻。石达开走投无路，只好退守长蛇岭，转战四川，结果在四川被湘军大败，与余部一同被清军重兵围困在大渡河畔，进退无路，陷于绝境。

后来，清军派人前来劝降，说只要石达开投降，就可以保证太平军的几万将士的性命无忧。石达开为保住几万部众的性命，带了自己五岁的儿子石定忠去清营谈判，希望清军统帅骆秉章、唐友耕辈能“依书赴奏，请主宏施大度，胞与为怀，格外原情，宥我将士，请免诛戮，禁无欺凌，按官授职，量材擢用，愿为民者散为民，愿为军者聚为军”。结果清军出尔反尔，不仅扣押了石达开父子，还将太平军将士缴械后全部杀害。石达开则被解到成都审讯，审讯中，清军统帅骆秉章问他：“你投降吗？”石达开凛然的回答道：“我来是乞死的，也是为我的部众请命的，当下只求一死了。”“所谓成则为王，败则为寇，今生你杀我，安知来生我不杀汝耶？”然后大义凛然，自赴刑场，被凌迟处死。据说，石达开在临刑之际，依然神色怡然，无一毫畏缩态，以凌迟极刑处死，至死亦均默默无声。

石达开的遭遇是一个历史的悲剧。后人怀念他，便传说他并没有死，当年前往清营谈判的人不是石达开，而是与他相貌酷似的养子。当时之所以要带上五岁的石定忠就是为了让清军相信他就是石达开。石达开真人早在清军进攻之前，就已经带着心腹逃出了包围圈。这种说法传得神乎其神，甚至有人说曾经见过在四川隐居的石达开。还有一种说法更为具体，说石达开率众突围之后，带着自己的余部和大量的珠宝逃到了贵州与广西交界的丛山之中，见这里群山延绵，是个藏兵驻军以图东山再起的好地方，便在这里修筑了一座山寨，将珠宝埋在山寨中的一个山洞中以作为自己有朝一日东山再起的资金。但是，由于后来天京被清军攻破，洪秀全病逝，太平天国从此彻底失败。隐居在此的石达开随着年岁的增大，也逐渐失去了东山再起的信心，便从此长隐人间。当然，这些都是人们美好的愿望，实际上根据当时的情况和清军将领的记述来看，石达开应该是就义无疑了。

至于人们所说的宝藏，根据传说，石达开藏宝的时机有两个：一个是在决定舍命自缚赴清营之前；一个是在传说的设计突围之后。两者相较，还是第一种说法比较可信，也比较具体。据说石达开被围困之后，他的妻妾在一天夜里同时自杀，石达开命人买了六口棺材，用来装敛妻妾的尸体。但是，后来有人在江中见到了石达开妻妾的尸体，看来棺材并未装殓他的妻妾，而是用作了其他用途，什么用途能比装殓至亲更为重要呢？在当时的情形下，当然是保存太平军东山再起的重要物资了。据说这些棺材被秘密的窖藏在高升店的后山坡下，并留下一纸上文所说的藏宝图。后来这张藏宝图被一位姓赖的老人所得，子子孙孙传了下来，辗转到了刘湘手中，于是便发生了开头刘湘挖宝那一幕。后来，蒋介石到陪都重庆后也曾密令军统头子戴笠带人寻找石达开的藏宝窖。但因山洪暴发，泥石流将当地地貌改变，刘湘当年挖掘的地方也已无迹可寻，最后不了了之。

从以上种种迹象来看，石达开当年应该是埋藏了一批军中的重要物品。但是在当时那种紧迫的情形之下，不可能修建太大的藏宝工程，同时，当时的太平军已经是穷途末路、缺衣少粮，因此也不会有巨额的金银财宝留下。

瑞典哥得兰岛的珍宝之谜

哥得兰是瑞典波罗的海的岛屿和省名，面积为3140平方千米，海岸线曲折，有几个大海湾。省会维斯比位于哥得兰岛西北部，约在公元前2000年的石器时代，这个地方就出现了最早的海豹捕猎者和渔民的居民点。在青铜器时代，当地居民就与波罗的海东南两岸的居民有密切的商业往来。到了公元200年，哥得兰商人就控制了俄罗斯与西欧之间的航线。公元900年以后成为瑞典的一部分，但仍保留其独立的农业社区和自己的语言文化。

今天的考古学家，还常常在哥得兰岛的土地上发现一些珍贵的文物，这些文物足以证明，当年哥得兰岛是多么繁华，其商业网络遍布欧洲。考古学家在斯堪的纳维亚半岛发现的罗马硬币中，仅在哥得兰岛发现的就占了80%。此后那里发现的还有9到11世纪的拜占庭硬币、阿拉伯硬币等各式各样的古代硬币。在哥得兰岛上也有德国骑士团的硬币，那是德国圣殿骑士团在12世纪时留下的，他们为德国移民打开了通向波罗的海南岸的道路，在此之前，那儿一直被丹麦人和斯拉夫人所控制。

像整个哥得兰岛一样，维斯比属于瑞典王国。但德国人于1143年在这里建立了卢卑克城，从此德国人甩掉了丹麦的船，而使用自己的船只行驶在波罗的海。由于哥得兰岛的地理位置非常优越，德国商业协会——汉萨同盟，就在哥得兰安顿下来。

维斯比在波罗的海地区和汉萨同盟中的统治地位在下一个世纪逐渐为卢卑克所替代。尽管如此，维斯比仍然十分繁华。在这里，人们可以买到法国的葡萄酒，西班牙的杏仁、米和糖，意大利的藏红花调味品，锡兰的肉桂，西非的天堂谷，马拉巴尔海岸的胡椒和印度的姜，瑞典和俄罗斯的皮货等世界各地的物品。

到13世纪时，哥得兰岛已是波罗的海重要的贮货场和转运中心，是海员和商人的中转站，维斯比达到它最为繁华的鼎盛时期，成为欧洲重要的商业中心。哥得兰岛不但发行了自己的货币，并且制定了一条国际公海法则。

1340年，老谋深算又冷酷无情的瓦尔德马登上丹麦国王的宝座，号称瓦尔德马四世。

德国在波罗的海地区的扩张给丹麦带来了政治上的挫折。早在13世纪初，卢卑克就脱离了丹麦的控制。别看卢卑克在今天只是德国的一个小城，但是在当年，它的商业地位却相当于今日的纽约。在北面，舍能省在八年前划归瑞典国王芒努斯·埃里克松所有。但是没几年工夫，瓦尔德马成功地用各种手段将这些省份全部收回。

瓦尔德马十分清楚，对瑞典南部的统治等于就是控制了波罗的海和丹麦卡特加特之间海峡的航运，这样他就能向汉萨同盟收取贡物。他的下一步是占领哥得兰岛，那样就等于在波罗的海占据了统治地位，不仅能够保证对瑞典所有南部港口的控制，还能进一步打击汉萨同盟。

当时的哥得兰岛，共有4000到6000名能服兵役的男人，按照法律，他们有义务武装自己抵御外部的侵犯。1361年2月13日，瑞典国王芒努斯·埃里克松命令维斯比的居民随时准备投入战斗。“一旦国王的地方官员下令，岛上所有的船只和人力必须投入保卫国家的战斗。”但无奈哥得兰岛一直处于和平之中，这里的人们已经连续两代人没有打过仗，他们“没有统帅、没有武装，且已不习惯战争”，如此涣散的兵力当然无法抵御装备精良的丹麦雇佣军。

1361年春天，瓦尔德马率军占领了瑞典的厄兰岛，他从这里渡海到达哥得兰岛，但是他的战船并没有直接指向维斯比。

7月22日，哥得兰西岸中部港口弗勒耶尔的海岸防潮警戒兵发现丹麦舰队正在靠近，立即敲响了警钟，燃起了烽火。农民们在万分惊愕中赶紧拿起武器，准备抗击登陆的丹麦人。

丹麦人上岸后，这些农民军当然不堪一击。瓦尔德马军队中，有丹麦骑士组成的重骑兵，还有训练有素的步兵、大量的弓箭手和无比锋利的战剑。

在随后几天的战斗中，农民军仅靠着不怕死的勇气，壮烈地向敌人扑去。他们以诺曼人的方式在开阔的地方一拥而上，对抗瓦尔德马的军队，随即便陷入丹麦人游戏般的屠杀之中。

瓦尔德马通往维斯比的路变得畅通无阻，在1361年7月27日的战斗中，哥得兰战士就无一幸存，2000名阵亡者中除了服兵役的男人还有老幼病残，甚至还有女人。

然后维斯比为胜利者打开了大门。战斗结束两天以后，瓦尔德马签署了一个规定：维斯比市民必须用金银和贵重的用品去换取他们自身的自由。在面临着生死选择时，市民们在几个小时内用黄金装满了3个巨大的油桶，这是他们需要付出的代价。

从18世纪开始至今，在哥得兰岛上的一系列重大发现，都是出自这个时期的财宝，除了各个时期的硬币外，发现的珍宝还有大量的金银器皿。

瓦尔德马运载珍宝的舰队于1361年8月28日离开维斯比港。也许是天意难违，三艘帆船载着打劫来的赃物没能走多远就全部沉了底，而瓦尔德马国王和他的军队主力侥幸逃脱了这场厄运。

有关这次沉船事件共有三种说法：首次记载这一史实的瑞典古诗说，船队是在第乌斯特前方撞上了瑞典南部的岛礁而沉没的；丹麦人的《丹麦王国编年史》中说，船队是在利拉卡尔索岛沉没的，即两个卡尔索岛中较小的那一个，这两个岛与哥得兰西岸的港口小城克隆法尔在同一纬度；哥得兰的新教牧师在1633年编写的《哥得兰编年史》中说，船是在卡尔索岛沉没的。

1905年5月底，建造园事的士兵在维斯比城外的一个浅洼地里发现了一个土坑，里面全是人的骷髅。随后，哥得兰档案馆的管理员赶到了那里。经过考察，发现那是一个集体墓葬，里面埋葬的都是抵御瓦尔德马国王的战斗中的阵亡者。

发掘立即开始了，人们挖出了铁锈的兵器、被弓箭射穿的头盖骨、还戴着头盔的狰狞的头颅。在骸骨中有各种年龄的男人，还有孩子、残疾人和女人。所有这一切立刻会使人回想起哥得兰的农民军团被瓦尔德马的雇佣军屠杀得一个不剩时，那令人毛骨悚然的战争场面。经过清理发现，仅这块草地上就长眠着1185名哥得兰人。

1933年，一条寻宝的消息引起了哥得兰岛渔民的注意。维斯比地方政府向美国的“霍尔·波罗的海寻宝公司”颁发了许可证，允许它寻找瓦尔德马·阿特达尔的载宝船。但是人们很快得知，这个公司创办者是贡纳尔和古斯塔夫·霍尔两兄弟。他们是瑞典移民，一个冒充作家和深海潜水员，而另一个在泽西城的瑞典教堂敲钟糊口。他们缺少波罗的海探险的资金，便首先印刷了一份广告，意在吸引感兴趣的人向他们的公司投资，后来又采用了很多不正当的手段集资，不久便被指控犯有盗窃罪。

20年之后的1953年，一个来自瑞典的园艺师把自己的园圃做了抵押之后来到哥得兰。据说，他来的时候前呼后拥，随行人员中有个神秘莫测的矿物学家，随身携带着一个神秘莫测的探测装置，还有一位赫赫有名的芬兰男爵，据说那个男爵在芬兰以“潜水男爵”闻名。

记者们很快采访了他们，以《蛙人和黄金探测器今天袭击黄金宝藏》为标题的报道，把哥得兰闹得沸沸扬扬，岛上的居民立刻被这个瑞典人所吸引。他们每天都早早来到港口，眼睁睁地盼望着能见到那个矿物学家和他那神秘的探测装置，还有那个著名的“潜水男爵”。

等到他们上岛之后，很多岛上的人自愿尽义务，为他们当向导。按照这些向导所导向的地点，他们每天都忙碌得不亦乐乎。但人们很快发现，那个矿物学家只是个普通的农民，所谓的探测装置，只是他整天沉迷的寻矿“魔杖”，而那位“潜水男爵”只是个蛙人。他们忙来忙去，当然什么宝藏也不会找到，一场寻宝闹剧就这样流产了，不但没找到宝藏，损失的还有岛上居民巨大的热情和那个瑞典人的苗圃。

即使到现在，假如您去哥得兰岛旅游，仍然可以看到那里大片大片的中世纪建筑。围绕中世纪建筑群的是维斯比的荣耀——13世纪建筑的城墙，城墙高达9米，有40座城堡和18座雄伟壮观的教堂。当然，还有那个永不消失的财富梦想。

南澳宝藏之谜

在广东省汕头市，有一个美丽的海岛县——南澳，它由37个大小岛屿所组成，素有“闽南咽喉，潮汕屏障”之称，面积112.4平方公里。南澳风光旖旎，景色秀美，碧水蓝天，气候温和，每年到此观光的游客络绎不绝。

南澳又是一个神秘的小岛，相传岛上藏有富可敌国的巨大宝藏，金银珠宝不计其数。

一说是南宋末年小皇帝赵昺（bǐng）被元兵追杀，从临安一路向南逃，一直逃到了今天的南澳岛，眼看追兵步步逼近，在决定离开南澳岛之前把一部分随身携带的金银珠宝留在了南澳岛。然而小皇帝离开南澳岛后不久，就在元军的追杀之下投海自尽了，于是宝藏就成了千古之谜。

一说是明代时，有个叫吴平的海盗将金银财宝收藏在南澳的一个小岛上。朝廷派兵寻找这些宝藏，但始终没有找到。传说这些宝藏现在还在岛上收藏着，这个小岛就被命名为金银岛。至今流传着藏宝的谜语“潮涨淹不着，潮退淹三尺”，却无人能破译，遂成千古之谜。

近代南澳一直是倭寇、海盗和探险者觊觎之地。

一、宋朝末代皇帝流亡南澳

南澳岛位于广东省汕头市东部，南海和东海的交界处。这里空气清新、风景优美，本是个世外桃源一样的地方，但随着南宋小皇帝赵昺流亡此地，便引起世人广泛的关注。

公元1276年，元兵攻陷临安。南宋一些文臣武将，于当年五月在福州拥立益王赵昺为皇帝，企图重整旗鼓，中兴朝政。

此时元军不断攻城略地，力图消灭南宋残余势力。南宋皇帝赵昺在礼部侍郎陆秀夫、大将张世杰等护送下，仓皇出逃，来到了南澳，住在现在的澳

△ 风光秀丽的南澳岛

前村一带。现在的澳前村边还保存着“太子楼遗址”。

宋室孤臣眼看着元兵步步紧逼，决定离开南澳。为防万一，利于辗转，遂将一大批金银财宝，藏于距太子楼不远的地方。为使财宝不被人窃取，又便于日后取出，陆秀夫吩咐在太子楼边的石崖刻上：“汉龙路贵人士山众黄文秀广起尘二百丁酉年壬寅生三月”的字样。若能读懂这些字句，石门便自动打开，其财宝任由提取。

离岛后，在海上漂泊百余日的赵昺再也无法忍受颠簸的海上生涯，病死在广州的硇州，年仅11岁。第二年，宋兵被元军击溃，最后一丝生机断绝，陆秀夫背起年仅9岁的赵昺跳海自尽。南宋灭亡了，宋室再无人能解开宝藏的秘密，太子楼藏金成了尘封于岁月的传说。

现今，在南澳岛东南部的云澳湾有一组雕像，雕像表现了南宋小皇帝赵昺兄弟与大臣陆秀夫等人在南澳岛生活的场景。

围绕着南宋小皇帝太子楼藏金，后来还演绎出这样一个故事：

不知过了多少年。有一天，一位商人受道士指点，骑着马上岛探秘取宝！他带着儿子，来到太子楼石室前，对石刻端详了好一会儿！闭了闭眼，然后一步一点头，一板一眼朗读并解释起来，他还未解读完毕，那石门竟裂开了一条缝，射出缕缕微弱金光。商人心头一怔，停住脚，心花怒放，顾不得解读剩下几个字，便迫不及待地闯了进去。就在这时候，那石门突然关闭了，刹那间商人被关在里面，只留下一条辫子在外头。商人的儿子吓呆了，稍定神后，用双手攥住父亲的辫子，拼命往外拉。但是，人没救出来，那辫子却变成一棵榕树，给太子楼遮雨挡日。那同来的马也变成一匹石马，守护太子楼的财宝。商人儿子无奈地哭着离去。那石刻、石马至今尚存。这中国式阿里巴巴的传说，吸引着许多考古者、旅游者前来探幽游赏。

在距离石刻和太子楼遗址200米的海边，有三口古井：相传是南宋小皇帝逃到南澳岛时挖掘的，一为龙井，专供皇帝饮用；一为虎井，供大臣饮用；一为马井，供随从人员和士兵饮用。奇怪的是，距离海边如此之近，居然能挖出淡水来，后世并称三井为“宋井”。

这神奇的宋井，地处海滩，与海近在咫尺，常被海潮淹没，但为什么潮退之后井水不带咸味，照样甘洌甜美呢？考察后认为，从科学的道理分析，当时三口井是开凿在山边的岩石上，又正对泉眼，所以泉水源源不断，而将海水冲淡。而且由于井的底部有两重石岩，泉眼在上，底部的石岩又挡住了海水的渗透，所以水质甘甜。当遇上潮水涌进井后，由于海水盐份比重大，从下面岩层渗出，上面泉水之甘甜丝毫不受影响。

其实“宋井”之所以以朝代为名，并非只是民间的传闻，当初在清理宋井的时候，文物部门发现了许多宋代瓷器碎片和宋代铜钱。考古证明，这一带正是当年南逃的南宋小皇帝居住和活动的地方。

至今，摩崖石刻上的文字还没有作出解释，许多专家学者对这段摩崖石刻作出了种种猜测。泰国崇圣大学的郭伟川教授认为，该石刻的文字“非诗非文”，“应为经纬之言、扶乩之语”。那么这“神灵的启示”究竟能不能帮后人解开太子楼藏宝之谜呢？

虽然专家学者对摩崖石刻的含义众说纷纭，但今天的南澳人却更愿意相信这就是打开宝藏的秘诀。而当人们对石刻上的文字费尽心机的时候，南澳岛上另一个关于寻宝的谜语，也同样让专家学者绞尽脑汁，这就是“水涨淹不着，水涸淹三尺，箭三支，银三碟，金十八坛”。据说谁能破解这句谜语，谁就能找到明朝大海盗吴平的宝藏。

二、大海盗吴平的藏金窟

靠山吃山，靠海吃海。潮汕地区临海，所以这里自古以来就“盛产”海盗。

有的海盗，就是普通老百姓，走投无路了，或者被官府禁海政策所逼，不得不下海为盗。他们不会随便杀人，讲究盗亦有道。而有些则是专职海盗，他们杀人越货，还有不少还被倭寇利用，成为帮凶。

不管哪种海盗，他们经商发的财也好，劫持的金银财宝也好，必须要在陆地上藏好，藏得越隐秘越好，但又不能离海太远，以便随时取用，所以海盗们的藏金之地多在岛上。南澳的金银岛，就曾经是明嘉靖年间大海盗吴平的老巢。

在南澳岛的东北面，是著名的深澳古镇，三面环山，一面临海，更有猎屿、虎屿屹立为门户。因屿内水域宽阔，“澳之深无底”，故称深澳。深澳镇的贼澳湾，就是吸引无数探险者的金银岛。金银岛总面积不足1000平方米，这里是一道外海进入深澳湾的天然屏障，从理论上讲有藏宝的可能性，但是在一个灌木杂草丛生的荒岛上寻找从明代就深埋地下的金银，也没有多大的可行性。

有趣的是，原汕头大学的隗芾教授却始终坚信宝藏是存在的。如果岛上确实有宝藏，又有可能藏在什么地方呢？按照隗芾教授的推测，“水涸淹三尺，水涨淹不着”这句谜语前面应该还有两句，由于失传，所以后人就无法确定宝藏的位置。

成吉思汗墓宝藏之谜

从吉尔吉斯斯坦首都比什凯克驱车东行，经过中国古代历史上的碎叶城，也就是唐代大诗人李白的故乡，继续东行大约150公里，穿过山谷，越过丘陵，一片浩瀚湛蓝的湖面让人眼前一亮，这就是吉尔吉斯斯坦人引以为豪的高山明珠——伊塞克湖。

伊塞克湖海拔1600米，在世界高山湖中，面积（6236平方公里）居第二，仅次于南美洲的的喀喀湖。水容量和深度均为世界第一。伊塞克湖终年不结冰，有九十多条河流汇入该湖，但无一条流出，是苏联最清洁的湖泊之一，是与黑海和里海齐名的著名疗养地。

夏季的清晨，漫步湖边，清澈湛蓝的湖面一平如镜，水光照天。泛舟湖上，北岸的层层雪峰，在云雾中时隐时现，显得静谧和神奇。当风吹来的时候，湖上顿时白浪滔滔，层层浪花扑向岸边，但到了岸边沙滩，又缓缓退回湖中，湖水、沙滩以其独特的方式接触、交融。梦幻、神秘，这是到过伊塞克湖的人形容它时用得最多的词语。

关于此湖的来历，有各种各样的传说：很久以前，高山上有座城堡，主人是个贪婪、残暴的大汗。山脚下住着牧羊人美若天仙的女儿，许多人倾慕她的美貌前去求婚，但姑娘一直回答说："我已有了心上人。"曾有一个英俊骑士骑着白马带她来到很高很高的地方，从手上摘下戒指戴在她手上说："我很快会再来。只要有戒指在，你将远离任何灾难。"

大汗带着贵重礼物来求婚，同样遭到了拒绝。姑娘独自上山去找心上人，不小心弄丢了戒指。她哭着往家跑，半路上被劫持到城堡中。但姑娘宁死不从，纵身跃出窗外，落下悬崖。就在这时，地动山摇，大汗的城堡开始往下沉，从四周的山谷中涌出一股股洪水冲向城堡，直到山谷和城堡一起没

△ 成吉思汗陵

入水底……

其实，这些传说并非毫无根据，伊塞克湖底确实有古城堡遗迹，引起越来越引起考古学家的浓厚兴趣。他们已从湖底打捞出一些古代的生活用品和古钱币，经鉴定是成吉思汗时代的物品。

对伊塞克湖底秘密的猜想和推测越来越多，最具爆炸力的是：成吉思汗的墓地在湖底。吉国不少历史学家和考古专家支持这一推断。当年这一地区是成吉思汗儿子的属地。据说，成吉思汗去世后，其后人秘密地将成吉思汗遗体和众多的财宝运到湖区，并制作了巨大的石棺，将遗体和财宝装入其中并沉入湖底。然后将其他财宝藏在伊塞克湖地区的山谷中，引泉水将它们掩藏起来。后来所有参与引水工程的人都被杀死了，藏宝的秘密至今也没有被揭开。

神秘消失的楼兰宝藏之谜

楼兰，西域古国名，是中国西部的一个古代小国，国都楼兰城（遗址在今中国新疆罗布泊西北岸），西南通且末、精绝、拘弥、于田，北通车师，西北通焉耆，东当白龙堆，通敦煌，扼丝绸之路的要冲。国人属印欧人种，语言为印欧语系的吐火罗语。汉武帝初通西域，使者往来都经过楼兰。楼兰屡次替匈奴当耳目，并攻劫西汉使者。元封三年（前108），汉派兵讨楼兰，俘获其王。楼兰既降汉，又遭匈奴的攻击，于是分遣侍子，向两面称臣。后匈奴侍子安归立为楼兰王，遂亲匈奴。王弟尉屠耆降汉，将情况报告汉朝。昭帝元凤四年（前77），汉遣傅介子到楼兰，刺杀安归，立尉屠耆为王，改国名为鄯善，迁都扜泥城（今新疆若羌附近）。其后汉政府常遣吏卒在楼兰城故地屯田，自玉门关至楼兰，沿途设置烽燧亭障。魏晋及前凉时期，楼兰城成为西域长史治所。

距今约1600年前，楼兰国消失，只留下数处古城遗迹。

19世纪中叶至20世纪初，在位于亚洲北部，一向寂寞荒凉、杳无人迹的塔克拉玛干沙漠之中，不时地闪现出西方冒险家的匆匆身影，使得这片广袤数万里、一直湮没无闻的区域，一时间为世人所瞩目。沉寂在沙海之中千百年前的古代绿洲遗址，逐渐被这些探险者所发现，一队队行色匆匆的驼队，打破了沉寂千年的大漠。

1895～1896年，瑞典人斯文·赫定沿克里雅河穿越塔克拉玛干沙漠，到达罗布泊地区，沿途进行了艰苦然而极富收获得地质学、生物学和古代文物遗迹的考察，初步摸清了塔克拉玛干沙漠中重要古代遗址的大致情况。

1899年9月，斯文·赫定开始了他的第二次塔克拉玛干之行。这次中亚探险得到了瑞典国王奥斯卡和百万富翁伊曼纽尔·诺贝尔的资助。

△ 斯文·赫定

斯文·赫定在空寂而清冷的婼羌县（今若羌）稍作停留，便继续向塔克拉玛干东端的罗布泊沙漠前进。在1900年2月29日，一个戏剧性的情节，导致了一个非常重要的古代城址的发现。赫定一行抵达罗布泊北岸后，来到一处看来可打出淡水的地方，决定掘井取水时，发现唯一的铁铲丢失了，随同的一名向导被派回原路去寻找。

此时暮色迫近，饥饿的向导寻得铁铲后连夜返回，不料路上狂风大作，漫天的风沙使他饥肠辘辘无法前行。沙暴过后，在他眼前突然出现了高大的泥塔和层叠不断的房屋，一座古城奇迹般地显露出它的面容。向导将这一发现做了汇报，斯文·赫定立刻来到这里。当他亲手从遗址中找出了几件精美的木雕时，他异常兴奋，断定这是个非常重要的古城遗址。赫定后来回忆说："铲子是何等幸运，不然我决不会回到那古城，实现这好像有定数似的重要发现，使亚洲中部的古代史得到不曾预料的新光明！"

1901年3月，斯文·赫定对这座古城进行了发掘。他迫不及待地发出了悬赏，若是有人能最先找到任何形式的人类文字，便重重有赏，发掘现场不断有小块毛毡、红布、棕色发辫、钱币、陶片等出土。随着发掘的不断展开，终于有大批的汉文、佉（音qū）卢文木简、纸文书和一些粟特文书以及精美绝伦的丝、毛织品，别具风格的木雕饰件出土。

古城遗址面积很大，比斯文·赫定以前到过的各个古城都更丰富，建有官署、寺庙、僧舍、瞭望塔、马棚和街市，在城外，与之相关联的遗址还相当多。最具兴味的是，在古城附近，还能清楚地看到一条东西方向的官道，那显然就是张骞、班超路经的古丝绸之路。也许是建筑基址起了一个固沙作用，附近的土地都已被千年朔风切割得远低于地面达数米，仅有这个楼兰古城，仿佛建筑在一块雅丹的顶部。

整整一个星期，斯文·赫定除了进行发掘外，还调查了古城的寺院遗址和居住遗址。他发现古城出土的佉卢文简牍上多次出现“Krorain”一词，根据在遗址内发现的汉文简牍将此城称为楼兰，因而推定楼兰是“Krorain”的译音。

3月10日，斯文·赫定心满意足地带领满载包裹的驼队离开了古城。

斯文·赫定后来在他的学术报告《1899～1902年中亚科学考察成果》第二卷《罗布淖尔》中，曾这样抒写自己在罗布泊的感受：“这里的景物一片死寂，就像来到了月球，看不到一枚落叶，看不到一只动物的足迹，仿佛人类从未涉足于此。”

新疆探险史上，名声、影响、地位与斯文·赫定大致相称的是英籍匈牙利人奥利尔·斯坦因。

1900年开始赴西域探险时，斯坦因正在印度旁遮普邦任学监。19世纪末正是地理大发现的余波——从事中亚探险的准备阶段，久在与新疆相邻的印度任职，使斯坦因在起步前就处在一个有利的位置上。

当斯坦因手不释卷地拜读了斯文·赫定几年前探索西域\并获得重要成果后出版的《穿越亚洲》后，立即产生了步斯文·赫定后尘，远赴中国探险的冲动。

1900年，斯坦因利用年假，自筹资金，开始了他的第一次西域探险之旅。这一次，他的目标非常明确，按照斯文·赫定的探险记录，重走和考察斯文·赫定的发现，只不过他做得更细致、更彻底。但也有意外收获，就是他找到了尼雅古城的精绝故地，并发掘和窃取了大量的佉卢文字木简或木牍。

当获悉斯文·赫定找到了楼兰古城时，斯坦因凭借直觉立刻断定楼兰古城附近还会有未被探访的其他遗址，于是他便着手准备第二次中亚探险。

1906年4月，斯坦因开始了第二次中亚考察，目的为调查“赫定1900年那次难忘的探险所发现的罗布淖尔北面的遗址” 。此时，斯坦因还获知了德国探险队的勒柯克和法国探险队都将要进入塔克拉玛干沙漠寻宝的消息。他认

△ 楼兰古城遗址——三间房

为罗布淖尔也是其他探险队瞄准的靶子，他要赶在其他人之前到达那里。

在对喀什、和田、尼雅、安得悦等遗址进行考察窃取之后，他于当年12月初到达了婼羌，随即开始了对楼兰遗址的探险。

在凑齐了当地所能找到的所有骆驼之后，斯坦因带上五十余名雇工，踏上了去楼兰的征途。

12月17日，斯文·赫定在图上标注的楼兰遗址开始出现在斯坦因面前了。硕大的窣堵坡遗址在瑟瑟的寒风中巍然矗立，使得空旷的沙漠更显得荒凉、寂静。斯坦因在它的脚下扎下了帐篷，第二天即开始了发掘。

“我所有的努力都是值得的。我们清理的一连串遗址所得到的，要比我对遗址的数量或保存完好程度所期望的还要多。地面受到了严重的侵蚀，最沉重的大梁木也被破坏殆尽。

这个甚至比尼雅遗址还小的古代居民点处于交通干线上，目睹了贸易的兴盛，所以构成主要遗址的一打左右的房间中，每一间都出土有丰富的文书……仅一个巨大坚实的垃圾堆中就有二百多件写在木头和纸上的汉文、佉卢文书，各个遗址中出土的佉卢文书足以决定性地证明，这里也像尼雅一样，当地的官方语言是一种古老的普拉克特语。”

公元3世纪，印度影响到达如此远的东方是一个新的重要事实，具有广泛的历史意义。所有艺术品和丝织品与尼雅发现物有着惊人的相似，健陀罗风格在所有的木雕与浮雕中颇为流行。发现物种类并不丰富，只装了一骆驼或两骆驼的建筑木雕、漂亮的毛毯碎片、刷漆的家具、妇女精美的绣鞋、青铜艺术，等等，但这点东西足以代表……”

楼兰古城位于罗布泊西北，距罗布泊约28公里，其地理坐标是东经89° 55′ 22″，北纬40° 29′ 55″。古城的四周大多是风蚀的“雅丹”地貌，遗址在两条古河道的中间，古河道是双向注入罗布泊的河流，古城中间有一条水渠与这两条古河道相连，从西北向东南斜穿古城遗址。

楼兰古城的平面略呈长方形。若以复原的城墙计算，东城墙长约333.5米，南城墙长约329米，西城墙和北城墙均长约327米。面积达十余万平方米。南城墙和北城墙因顺东北风势，故保存较长，而东城墙和西城墙因受东北风的强烈风蚀，保存很差。

古城城墙用新土与红柳枝或芦苇间杂建筑，红柳枝层约20～30厘米，粉土层则厚薄不一。

楼兰城内的建筑遗迹，若以斜穿城址的水渠为界，可大致分成东、西两部分。东部主要残留四座建筑遗迹：佛塔与三处房址。佛塔采用夯筑方法，呈八角形，用土坯砌筑，塔身内有框木。

比较集中的房址有三处：在佛塔东南约60米的台地上，尚可见有三间房室残迹，地表周围还可见到许多散布的木框构件，以及用红柳枝编织的涂泥的残墙。

城内渠道之西遗迹较密集，在楼兰城中略西南处，建筑遗迹规模最大。这是一座大院落，残存房间六个。在西城墙下，也有一组较大的建筑，是由许多房间组成的一组建筑。在城西侧的北郊和南郊也有大量的建筑遗迹，可见，在楼兰城被废弃之前，城内建筑是非常密集的。

斯坦因在城中发掘的一处范围近100平方米的垃圾堆里，埋藏着大量汉文简牍和少量的佉卢文简牍，以及陶、铜、木器、漆器、丝、毛织品等。

从出土的汉文简牍分析，城中西南的大院落为长史衙署遗址，其附近为长史衙署的附属建筑。建筑形式一部分具有内地建筑的特点，一部分则保持了当地的建筑形式。城内渠道之东的一组房屋建筑，规模宏伟，是高级官吏邸宅和客馆。散布在城内的其他建筑，可能是当地土著与汉族的寄居区，而南城似乎为军事驻地。

斯坦因指挥民工和助手们在古城夜以继日地挖掘了十余天，获得了大批文书、简牍，仅在一个垃圾堆中就挖出二百余件写在木片和纸上的汉文、佉卢文文书，“其上面所记载的日期表明了这个神秘之城大约是在公元3世纪至4世纪时就被废弃了”。

迎着晨风，站立在斯文·赫定发掘过的官署遗址内，斯坦因体验了一下这位瑞典人当时的心境，他甚至发现了斯文·赫定在1901年遗失的一把金属卷尺！后来，他在伦敦英国皇家地理学会举行的一次宴会上将它还给了赫定。

当斯坦因伫立在窣堵坡（佛塔）遗址的高处，打量这座异常荒凉而又至为珍贵的遗址时，仿佛是在体验着岁月的魔力所创造的悲凉。眼前的一切，几乎使人难以相信，过去这里曾孕育了一个充满生机和繁荣的社会。

当发掘进入最后几日时，处境逐渐艰难起来，从外面带来的雇工连续患病，淡水也越来越少，12月29日，斯坦因决定离开这里，向敦煌进发。这天早上，骆驼队装满了楼兰的“发掘品”，在寒冷的东北风中，离开了楼兰。

米兰是一座早已失去繁华的古城，甚至连它那令人倾心的名字也已消失不见了。米兰古城在古代又称磨朗、密远，靠近今天的青新公路，南临米兰河，处在自敦煌沿疏勒河到楼兰、昆仑山北麓西行的古丝绸之路南道上，是著名的伊循屯垦古城遗址。

米兰古城是楼兰国最早的王城，始建于东汉时期。公元5世纪中后期，因楼兰国为丁零（高车）所破，民众尽散，城池废弃，其地为吐谷浑所占。唐初，吐蕃势力进入西域，讨伐吐谷浑，随之占据了此地。

早在公元前77年，楼兰国内发生事变，汉王朝册封的新王因久不在国内，担心继位后统治国家力不从心，于是，请求汉兵到伊循城（米兰）屯垦戍边，米兰自此繁荣起来，而楼兰城便日渐衰败。据斯文·赫定在楼兰发现的有关文书记载，楼兰周围有军事扰乱和战争的威胁，而驻守楼兰的官兵却忠于职守，拼死保城。兵士们照常给朋友们写信，丝毫不为即将到来的危险所惊扰。

赫定感叹道："这些中国人用这样大的毅力和勇气竭尽他们的责任，真令人感慨不已。由此可以看到这个奇异的民族是怎样统治半壁亚洲的。这并不是幻想力的创造物，也不是诗，这是赤裸裸的事实。"直到后来他还"高兴地梦想着它的伟大"，并自问："我很奇怪，我们瑞典怎么就没有一块比我在楼兰发现的竹简和纸片更古老的石头？"

就在楼兰彻底荒芜之时，米兰屯田戍堡则空前强盛，不仅富庶而且安全，于是近在咫尺的楼兰与米兰，就成为逃离点和接纳点。这或许可以为探索楼兰消灭之谜打开一个窗口。

1907年新年开始，斯坦因在去敦煌之前，发现了"从未报道过、完全出乎意外"的米兰壁画。后来他记述道，他在去米兰的路上感到神秘和荒凉，其神秘就在于它与世隔绝，数个世纪以来从来没人去打扰，更令他激动的是出土了"一堆藏文书"。

它们是从守卫着玄奘和马可·波罗都走过的去沙洲路上的古堡垒里出土的。早些时候，他曾中止挖掘，奔向楼兰，现在他回来了。他在给朋友的信中描绘了米兰丰饶的文物，"比藏文书更让人感兴趣的是一打一打的藏族漆皮鱼鳞战甲残片，各种残片都有，他也许能制成一套战甲……"

"我一直认为堡垒附近一些宝塔和寺院建得更早些，我所希望的事被一种使人眼睛一亮的发现所证实。从一座破坏严重的寺院里，我找到了几个完好的涂垩粉的头像，与热瓦克发现物相比一样好或更好些。其中一些体积庞大，运输不安全，但我希望另一些能完整地运到你那里。同一寺院还出土了约公元300年的贝叶书，我还是第一次发现这种书写材料。"他一口气挖掘出的一件又一件稀世珍宝，足以使斯坦因富甲天下了。然而，他做梦也没想到，更大的幸运像天使般向他飞来。

这天，他来到一座大佛寺，在长方形的基座走廊上，发现了一个呈穹顶的圆形建筑，在这里他意外地看见了美丽的壁画——带翼天使的头像。其绘画时间，斯坦因断定不会早于亚历山大之前。他认为："在我看来，壁画的整个构思和眼睛等表现，纯粹是西方式的。残存的带有佉卢文的题记的祷文绸带，高度可信地说明，这座寺院废弃于公元3至4世纪。"他终于找到了渴望已久的与尼雅同时期的绘画作品。

"此外，还找到了从上面上滑落下来的大片壁画残片。移动这些壁画残片中最精美的一些天使像成了很棘手的问题。我整天忙于包装这些又松又脆的壁画。幸运的是树林很近，足以供应木头做箱子，还有芦苇等做填充材料。"

2月5日，斯坦因在另一个围绕宝塔的穹顶寺庙的墙上发现了精美的壁画。"其外侧已变成一堆不成形状的残骸。只是部分上部板片和下面的护墙板没遭破坏，但这些均堪列入最好的犍陀罗雕刻品之列。持花的蒲蒂和周围装饰的快乐的男青年和其间的女郎头像，看起来是希腊——罗马式的，这是一幅多么好的中国边疆佛教寺院里的喜悦的生活场景。"他还以轻松顽皮的语调描述了这个场面："这些漂亮的女郎从哪里得到玫瑰花冠？这些男青年哪来的酒杯和酒碗？这一切奇怪得像是用魔法在卡尔顿周围创造出了沙漠及其滚滚的沙丘，而一伙迟到的饮宴者正在为之惊奇。"

斯坦因原计划在米兰挖掘四天或五天，但实际却待了十八天，盗取的文物之多令人惊诧不已。特别是"带翼天使"的发现令他激动不已："这真是伟大的发现！世界上最早的安琪儿在这里找到了。她们大概在两千年前就飞到中国来了。"米兰壁画是新疆境内保存最古老的壁画之一，这里的"带翼天使"可以说是古罗马艺术向东方传播的最远点。

驱赶着六峰装载着米兰文物的骆驼，斯坦因心满意足地离开了这里。

1914年1月，第三次中亚探险考察的斯坦因再次来到米兰，他对这个令他魂牵梦绕的神秘古城仍心存幻想，幻想着攫取更丰富的、令人痴迷的文物。

2月10日，斯坦因率领大批驼队在天黑时抵达米兰遗址。此刻，这位身材矮小的探险家，由于前两次塔里木盆地探险"功绩卓著"，而在1912年夏季被印度的英国总督授予印度帝国高级骑士头衔。授爵仪式于10月12日在克什米尔的斯利那加举行，也是在此地，斯坦因将前两次考察的情况整理出来，并将报告定名为《两战》，与第一次探险时相比，斯坦因此时颇有功成名就的得意感。

当功成名就的斯坦因开始他的第三次考察时，他已完全受到了一种与以往历次考察完全不同的意识观念和心态的影响。

在接近米兰遗址的沙漠中，斯坦因又找到了几处古代遗址。城墙由树枝和泥土混合筑成，他们在那里清理出了许多建筑木构件和其他钢铁之物。在另一处比较小的堡垒附近，斯坦因又发现了一些用佉卢文、婆罗谜文及汉文书写的简牍。他认为这几处遗址大都是公元4世纪初叶以前的建筑。

斯坦因在米兰遗址清理了一段时间后，又将工作重点转移至距米兰遗址四英里的一处孤立的台地上。在那儿，他们找到了一批古代墓葬。各种随葬器皿及丝织物，令斯坦因眼花缭乱：花纹繁缛的各种丝、毛织物和铜镜、汉文书等，清楚地表明其是属于汉代的遗物。织有“韩仁绣”字样的汉代织锦，色彩斑斓，艳丽如新。毛织物的风格明确无误地表明了中西方的交往标志。在一片毛毡残片上，织有典型的罗马风格的人物头像，斯坦因认为是赫密士。

在孤台的东北，斯坦因找到一个城堡，他认为是汉代的卫戍所。城堡的建筑方式与沿途所见的堡垒相同。在北墙附近，发现了有纪年的汉文书，年代在公元3世纪以后。在这个堡垒附近，他们又找到了另一处墓葬，发现了干尸。“从饰有羽毛和其他猎获物件的毡帽、旁边的箭杆、粗纬的毛衣织物、织得很干净的盛食品的小篮之类看来，都可以推断这是一个半游猎的种族。”这是斯坦因后来得出的研究结论。

楼兰古城的宝藏至此只为人们展示了它神秘面纱的一角，它的全部还有待于后世进一步的挖掘。我们相信，楼兰宝藏之谜终究会有全面揭开的那一天。

英国王室珠宝之谜

英国曾是世界上最大的老牌殖民帝国，西方的工业革命就是最早从英国开始的。18世纪，日渐强盛的英国远征世界各地，素有“日不落帝国”之称。到1914年，在世界各大洲，大英帝国拥有海外殖民地55大块，面积超过2000万平方公里，人口超过4亿。第二次世界大战后，海外殖民地相继独立，英国的经济地位才迅速下降。英国当年的远征行为以强权手段在殖民地掳掠宝藏，然后把宝藏敬献给王室成员，通过不断地纳贡不断地积累，英国王室成为世界上最富有的王室，仅大英博物馆的藏品就多达600余万件，粗略地可以分为三大部分：古代世界，包括埃及、古希腊、罗马等；西方世界，包括史前欧洲、凯尔特人、中世纪和文艺复兴等直到20世纪欧洲各国；东方世界，包括伊斯兰、中国、印度和日本等。不过这只是文物分类而已，但足以证明他们当年掠夺的疯狂。

英国王室的正式加冕仪式是现存最古老的仪式。加冕仪式其实就是珠宝展览过程，场面非常宏大壮观，以不列颠王室的珠宝最为闻名，这些装饰品是英国财富的象征，为传统与权力奠定了永恒的基础。通常情况下加冕要在白金汉宫里。

白金汉宫于18世纪初期由白金汉公爵始建，故此而得名，后来英王乔治三世为他的王后买下了这座宏伟的建筑，从此又称“女王宫”。19世纪时乔治四世自己搬进来，并加以改建。从1837年维多利亚女王登基起，英国的君主们，包括现在的伊丽莎白二世都生活在这里。白金汉宫并不是一成不变的，几乎每一代君王都要根据自己的喜好把王宫加以扩建改造，幸好这些君王都是有品位的人，因此现在的白金汉宫虽然各处色调与情调都不尽一致，建筑样式五花八门，但总体来说依旧富丽堂皇，气派十足，体现了王室的雍

△ 白金汉宫

容和气度。

基斯·汉森是王室珠宝的看护者、王室物品的专家，他说，加冕时整个白金汉宫内金碧辉煌。

加冕仪式包括许多方面。其中在西敏寺举行的加冕仪式最为隆重。一些稀世珍宝纷纷亮相于此，英国观众通过电视观看了这一盛况，他们看到了来自世界各地的奇珍异宝。

英国王室收藏珠宝的传统，大约要追溯到1000年以前英国王室诞生的时候。遗憾的是，原有的大多数华美饰品在新教改革的内战中没能保存下来。1648年，奥利弗·克伦威尔毁灭了大部分王室珠宝和皇家徽章，不过从1660年复辟运动开始以后，王室又制作了一批新的珠宝。

王室里究竟收藏了多少件珠宝，恐怕谁也说不清楚。每一次在加冕仪式展出的仅占整个收藏品的一小部分。几个世纪以来，王室珠宝一直存放在戒备森严的伦敦塔里，不允许任何人接近。1994年，伊丽莎白女王首次举办了小范围的个人展览，这使世人能够更好地欣赏到它们。

为了举办这次展览，伊丽莎白女王再三敦促保卫人员一定要搞好保卫工作，做到滴水不漏，保证万无一失，因为每一件展品都价值连城。为此，负责这次展览的保卫人员，给每一个展柜安上了当时最先进的监控系统，并模拟如何应对突发事件。展览如期进行，观看这次展出的当然是一些社会名流、达官贵人和政界要员，一般人是没有资格进入的。展柜中各式各样的金银财宝、珍珠玛瑙让人大开眼界、流连忘返。这次展出的有17世纪以来英国君主的象征——王冠、权杖和许多历代女王生前喜爱之物，另外还有镶嵌在带十字架的节杖上的“非洲之星”，这是当时世界上最大的、切割最完美的钻石，重达530.2克拉，用于献祭的镶宝石的宝剑是1820年制造的，上面镶嵌着2444颗宝石。说起王室珠宝中的珍品，无疑要数帝国王冠。这件装饰奢华的头饰镶嵌了大约3000颗钻石和珍珠，底座四周是蓝宝石、绿宝石和红宝石。帝国王冠首先是为维多利亚女王的加冕仪式制造的，1953年为伊丽莎白女王二世加冕典礼再次重造。

但英国王室的奇珍异宝到底有多少件，恐怕谁也说不清楚，英国王室更是守口如瓶。

“圣殿骑士团”的藏宝之谜

1119年，法国几个破落骑士，为保护朝圣者，保卫第一次十字军东征中建立的耶路撒冷拉丁王国，发起成立了一个宗教军事休会。由于该休会总部设在耶路撒冷犹太教圣殿，所以叫做“圣殿骑士团”。圣殿骑士团成立后，由于对伊斯兰教徒，同时也对基督教徒进行敲诈勒索，加上朝圣者们的不断捐赠，以及教皇给予的种种特权，从而积聚了相当可观的财富。他们拥有封地和城堡，为朝圣者和国王们开办银行，是欧洲早期的银行家。他们生活奢侈，贪得无厌，热衷秘术，密谋参与政治活动，终于引起欧洲各国国王和其他休会的不满，被斥为异端。1312年，罗马教皇克雷芒五世不得不正式宣布解散圣殿骑士团。

1307年10月5日，法国国王、美男子菲利普四世下令逮捕所有在法国的圣殿骑士团成员。法国国王想通过打击圣殿骑士团，没收其财富，以补充日趋窘困的财政开支。但是，圣殿骑士团却巧妙地把大量财富隐藏了起来。有人说，罗马教皇在法国国王采取行动的前几天曾经悄悄地给圣殿骑士团通风报信。

据几位历史学家的记载和民间的传说，当圣殿骑士团大祭司雅克·德·莫莱在狱中获悉，法国国王要彻底摧毁该休会时，他采取了断然措施，以便保存圣殿骑士团“传统和高尚的基本教义”。他把自己的侄儿、年轻的伯爵基谢·德·博热叫到狱中，让伯爵秘密继承了大祭司的职位，要伯爵发誓拯救圣殿骑士团，并把其财宝一直保存到“世界末日”。随后他告诉伯爵说：“我的前任大祭司的遗体已经不在他的墓穴，在他墓穴里珍藏着圣殿骑士团的档案。通过这些档案，就可以找到许多圣物和珍宝。有了这笔财宝就可以摆脱非基督教徒的影响。这笔财宝是从圣地带出来的，它包括：耶

△ 圣殿骑士团

路撒冷国王们的王冠、所罗门的7枝烛台和4部有圣‘塞皮尔克勒插图的金福音’。但是，圣殿骑士团的主要钱财还在其他地方，在大祭司们墓穴入口处祭坛的两根大柱子里。这些柱子的柱顶能自行转动，在空心的柱身里藏着圣殿骑士团积蓄的巨额财宝。”

1314年，雅克·德·莫莱大祭司被法国国王处死后，基谢·德·博热伯爵成立了一个“纯建筑师”组织，并请求法国国王准许把莫莱的尸体埋葬到另外的地方，国王同意了。于是，博热乘机从圣殿骑士团教堂的大柱子里取走了黄金、白银和宝石。他把这些财宝藏在棺材里，也许还藏进了几只箱子里，并转移到了只有几个心腹知道的安全地方。由于圣殿骑士团长期热衷于秘术，有自己独特的一套神秘符号体系。据说，他们就是通过这种符号体系和秘密宗教仪式来隐藏和重新取出他们的珍宝。正因为如此，对于圣殿骑士团巨额财宝的下落至今仍然众说纷纭，成了一个难解的历史之谜。

有人根据当地的传说和发现的圣殿骑士团的神秘符号，认为藏进棺材和箱子里的财宝现仍在法国罗讷省博热伯爵封地附近的阿尔日尼城堡里。据称，那里除秘藏着圣殿骑士团的金银珠宝外，还有大量的圣物和极其罕见的档案。

阿尔日尼古城堡现在法国罗讷省夏朗泰市管辖区里，属于一位对圣殿骑士团的内情颇有了解的伯爵雅克·德·罗斯蒙所有。1950年的一天，罗斯蒙先生接待了一位英国上校的拜访。此人据称是英国一个教会的代表，是专程来找罗斯蒙先生洽谈购买阿尔日尼城堡的。他告诉伯爵，愿出1亿法郎高价买下这座古城堡。然而，罗斯蒙伯爵的回答却是：“不卖！”

1952年，对圣殿骑士团神秘符号体系颇有研究的考古学家和密码学家克拉齐阿夫人，在对阿尔日尼城堡进行实地考察后声称：“我深信圣殿骑士团的财宝就在阿尔日尼。我在那里找到了可以发现一个藏宝处的关键符号。这些符号从在进口大门的雕花板上开始出现起，一直延续到阿尔锡米塔楼，那里有最后一些符号。我认出了一个埃及古文字符号，它表明，除有宗教圣物外，还有一笔世俗财宝。”据克拉齐阿夫人说：“阿尔锡米塔楼上有8扇又小又高的三叶形窗户，只有一扇窗户是用水泥黏合的石头堵塞的，必须开通这扇窗户，并在6月2日这一天观察射进这扇窗户的光线束，2点至3点的阳光可能起着决定作用，它可能将照射在一块会显示出具有决定性符号的石头上。但是，我想，只有一个人，一个熟悉内情的人，才会声称发现了秘密的钥匙。”

另一位对寻找圣殿骑士团财宝深感兴趣的巴黎工业家尚皮翁，曾经在秘术大师、占星家阿芒·巴波尔和对圣殿骑士团秘术有专门研究的作家雅克·布勒伊埃的指导下，对阿尔日尼城堡进行过发掘。由于对刻在建筑物正面的神秘符号的内涵始终束手无策，结果一无所得。雅克·布勒伊埃在阿尔日尼城堡考察几年以后还写了一本书，叫做《阳光的奥秘》，书中也表露了跟克拉齐阿夫人类似的看法。

对于圣殿骑士团的财宝是否藏在阿尔日尼城堡，城堡现主人雅克·德·罗斯蒙先生是这样认为的：“在圣殿骑士团秘密口授阿尔日尼城堡原属于雅克·德·博热所有，古城堡当年有幸逃脱了美男子菲利普的破坏，因此，圣殿骑士团的财宝可能埋藏在那里。但是，我们既无手段，也没有确切的理由去拆毁我的这座建筑物里那些令人肃然起敬的墙。一些全凭个人经验的人只是想拆墙，但从来也没有发现什么。只有科学探测手段，才可能给予确切的指示。”

法国“寻宝俱乐部”根据最新发现的资料认为，圣殿骑士团的财宝可能不在阿尔日尼，因为迄今为止并没有找到任何有价值的材料可以确定它们的存在。“寻宝俱乐部”倾向认为，圣殿骑士团的财宝可能隐藏在法国夏朗德省巴伯齐埃尔城堡，因为那里也发现了许许多多令人晕头转向的圣殿骑士团的符号。巴伯齐埃尔城堡四周曾有3大块圣殿骑士团的封地，人们在其中的利涅封地刚刚发掘出一座墓穴，从其中掉下来的一些石头上刻着的符号中可以看出，在圣殿骑士团完蛋以后，有一个卫队曾在那里待过多年，它的神秘使命似乎跟监护埋藏的财宝有关。

据说，圣殿骑士团还有另外一些财宝可能隐藏在法国的巴扎斯、阿让，以及安德尔一卢瓦尔的拉科尔小村庄附近，在法国瓦尔市的瓦尔克奥兹城堡的墙上也刻着圣殿骑士团的神秘符号，而且也有关于圣殿骑士团把财宝隐藏在那里的传说。据法国历史学家让·马塞洛认为，在法国都兰的马尔什也可能会找圣殿骑士团的藏宝，那里以前曾是圣殿骑士团的“金缸窖和银缸窖”的所在地。圣殿骑士团的心腹成员知道在需要时如何从中取出必要的钱财，并会按接到的命令把新的钱财重新隐藏起来。总之，人们认为，圣殿骑士团确实把一大批财宝给隐藏起来了，但是，究竟藏在什么地方，其谜底也许就像刻在石头上的神秘符号一样令人难以捉摸!

死海珍宝之谜

死海位于耶路撒冷以东25千米和特拉维夫以东84千米处的约旦河谷南端，是世界上最低的内陆湖。死海的水具有全世界最高的含盐量和密度，比通常的海水咸十倍。因此，死海一带的空气中含有世界上含量最高的起镇定作用的溴。这样的空气不仅是治疗呼吸系统疾病和进行日光浴的绝好场所，也为古代人隐藏物品提供了最好的地点。

一、发现死海古卷

死海西岸是典型的沙漠地区。近半个世纪以来，死海之所以一直备受世人关注，并非因为它是世界上最大的“床”，而是因为在死海的库姆兰发现了“死海古卷”。

那么，“死海古卷”到底是怎么一回事呢?

贝都因在阿拉伯语中意为“住帐篷的游牧民”，阿狄布是个15岁的贝都因族小牧童。像大多数贝都因族人一样，他们家也是牧民，养着好多的羊群。1947年3月，为了寻找一只迷失的羊，他来到死海西北角的一个叫库姆兰的地方。他一边走，一边四处张望着，当他抬头时看到高处的悬崖绝壁上有一个狭窄的洞口，这个调皮的小牧童就随手捡了几块石子扔了进去。突然他听到洞里好像有东西被击碎的声音，于是他便把小伙伴阿美·穆罕默德找来，两人一同钻进洞里。进洞之后，他们才发现里面的沙土下有一些高身圆陶罐和一些破陶罐碎片。这两个孩子急忙打开陶罐，但很快大失所望，因为里面并没有他们所期待的黄金和珠宝，而是一卷卷用麻布裹着的黑色发霉味的东西，其中有十一幅卷轴用薄羊皮条编成，外面盖着一层腐朽的牛皮。

这些卷轴长3米到24米不等。他们把卷轴打开，发现上面密密麻麻写满了字。两个孩子不知道这到底是些什么东西，于是，便拿了几捆羊皮卷到耶路撒冷去卖，得到一点钱。

△ 西方学术界将死海古卷称为“当代最重大的文献发现

原来，这两个孩子所发现的就是后来被称之为无价之宝的“死海古卷”。当时巴勒斯坦文物部的一位官员认为那些东西“不值一文”。几经周折，第二年，这些东西到了耶路撒冷古城圣马可修道院叙利亚东正教大主教阿塔那修·塞缪尔的手中。他仔细研究了羊皮卷上的文字后大吃一惊。他认出来这是几篇最古老的希伯来文《圣经》的抄本，便立即找到那两个贝都因族男孩，让他们把山洞里的羊皮卷都弄出来，然后全部买走。与此同时，耶路撒冷希伯来大学的考古学家E.苏格尼克教授知道这一消息后，也设法从一个贝都因人手里购买到了三卷羊皮古经书。

很快，贝都因牧童阿狄布发现“死海古卷”的消息像长了翅膀一样在世界各地传开。许多国家的考古学家、历史学家和宗教界人士闻讯纷纷前往库姆兰山谷进行发掘。其中最大的一次发掘是从1948年下半年起由法国天主教多明戈会和约旦文物部共同组织的。分别经过1952年、1953年、1954年的几次发掘，他们在库姆兰山谷又找到了大约40个洞穴，其中11个洞穴中有经卷，共发现古经卷六百多种，其中数十卷较为完整，另外还有数以万计的残篇碎片。

后来，一些当地的贝都因族人也开始在死海沿岸展开搜索。到1956年时，他们又找到10个洞穴，发现了更多卷轴和残卷。因这些古卷都发现于死海的库姆兰地区，后来就被学术界统称为“死海古卷”。

那么，这些古羊皮经卷是什么时候被藏在这里的？上面到底写了些什么内容呢？

二、古卷的内容

美国约翰·霍普金斯大学考古学家威廉·奥柏莱博士在鉴定古卷的卷轴

△ 死海古卷的大多数文件和碎片都用希伯莱文写成

之后，认为其年代应在公元前100年左右。而芝加哥核子研究所的专家们，把第一个洞中包扎稿卷的麻布碎片经用C14放射性同位素测试后，确定这些古经卷产生的时间是在公元前250年到公元68年之间，距现在已两千多年了！

专家们发现这些古卷中大多数文件和碎片都用希伯来文写成，少数是希腊文和阿拉伯文，其中有些尺寸还不及一枚邮票大。这些古卷包括五百多种远古经书。内容主要是《圣经》抄本以及其他一些希伯来文、拉丁文、希腊文献，大致可分为以下几类：

1.《希伯来圣经》共有39卷，其中除《以斯帖记》外，其他各卷都有全部或者部分的抄本。这些抄本对于断定古卷的年代和研究《圣经》的翻译情况具有重要的参考价值。

2. 从公元前2世纪到公元1世纪在犹太人中广泛流传的经书，如《多比传》、《所罗门智训》、《以诺书》、《巴录启示书》、《禧年书》等。

3.《圣经》的注释和评论。

4. 库姆兰社团法规。它们主要是记述当时居住在库姆兰的人们的宗教活动、遵守的行为准则以及举行的礼拜仪式等文献。

5. 感恩诗篇以及其他文献，包括文书、信件等。

6. 两卷特殊的古卷：一卷刻在铜片上，由于铜卷锈蚀严重，不得不将它锯开成条，上面记载的是耶路撒冷圣殿财宝的名称、数量和埋藏的各个地点；另一卷是长达28米，有66栏经文的《圣殿商卷》，详细记述了耶路撒冷圣殿的建造结构和装饰，以及有关献祭、守节、洁净礼仪方面的一些具体规定。

除经卷外，在洞穴、遗址及周围一带，还发现不少的陶器、钱币、武器、农具、生活用具等。在距离第一洞不到六百米的地方，发现了一座道院的废墟，里面有一张长写字台和长凳、两个墨汁瓶和一些陶罐。那么，是谁把这些古卷藏在库姆兰的山洞里，他们又为什么要这样做呢？经过专家们长期对死海古卷的整理和研究之后，提出了种种设想：

有人认为，发现古卷的这一地带原来可能是古犹太人的一个图书馆，否则不可能藏有如此浩繁、包括各种派别的经籍。

也有人认为，这里可能是一个抄经、写经的场所，后来大概遇到什么突发事件来不及转移，而使大批经卷保存在这里。

还有人认为库姆兰当时是犹太人的一个军事要塞，公元1世纪犹太人起义反对罗马人的统治，在同罗马大军决战时，为了防止这些重要经籍散失或被毁，就将它们集中存放在库姆兰一带。后来犹太人起义遭到失败，他们在逃亡之前就把藏有经卷的洞穴封起来。于是，这批经卷就在库姆兰山洞中保存了下来。

另有一种意见认为，库姆兰是犹太教艾赛尼派社团的集中居住地。公元前1世纪，艾赛尼派因赞成弥赛亚运动，反对马卡比王朝而受到迫害，纷纷逃至边远山区。有些信徒来到库姆兰一带，他们过着一种公社式的宗教集体生活，并收集和抄写了大量的宗教文献典籍。罗马大军进入巴勒斯坦后，为了避免受到迫害和担心《圣经》抄本散失，就把它们装入陶瓮封藏在周围悬崖的洞穴中。后来犹太人被罗马人打败后，艾赛尼派也遭到杀戮，库姆兰社团被彻底毁灭，此地成为一片废墟。岁月流逝，那些存放在洞穴中的经卷也就湮没于死海的荒漠之中，直到近两千年之后才被人发现，重见天日。

从发现的《库姆兰社团法规》等文书来看，大多学者也都赞同最后一种观点。那么，什么是犹太教艾赛尼派社团呢？

艾赛尼派社团的团员们自认为是真正的以色列后裔，他们忠实地信守以色列人与上帝订立的约定，一般都采取禁欲苦行的生活方式，包括大量的斋戒、经常举行洁净沐浴，并进行秘密修行，新成员要经过长时间的考察才能被吸收。公元1世纪时，著名的古罗马作家老普林尼就曾这样记述道：“在死海西岸的陆地上，居住着艾赛尼派的人们。他们孤寂独处，从不接近女人。他们摒弃了一切性的欲望。他们没有钱，以与棕树林结伴为乐。他们自己不生养儿子，却千秋万代永远长生。如今，他们的居住地早已成荒凉之地，此地离死海不远，犹太人的边界到此为止。”

然而，就是这样一个与世无争、消极避世的犹太社团，也未能躲开罗马征服者的铁蹄，最后竟然消失在茫茫的沙海之中。只有他们在库姆兰山洞里留下的经卷，在两千年之后才向世界揭示了他们的命运，以及他们独特的社团生活方式。正是由于这些文献被发现，人们才明白，有座相当规模的图书馆隐藏在库姆兰的旷野中，而手抄本不过是其中一部分藏品而已。

那么，“死海古卷”的发现有什么意义，它的价值又在哪儿呢?

三、古卷的价值

首先，现在世界各国流传的《旧约圣经》最古老的全集抄本，时间是在公元1010年。最古老的单卷抄本是在公元9世纪才确定的“马所拉文本”。作为犹太教和基督教最重要经典的《旧约圣经》，在长期的口传和传抄中难免会发生一些错漏和谬误，而“死海古卷”中的《圣经》抄本却从未经后世修改、增删，保留了最古老的原来样式，因此可以作为更权威、更准确的文本来对现行的《旧约圣经》进行校订。因为谁都知道，假如没有权威的古文本为依据，任何人都不敢对《圣经》做任何改动。所以，世界上所有的信徒们都企盼着将来能在研究“死海古卷”的基础上出版一种新的校勘本。

其次，由于“死海古卷”中有很多不同文字的抄本，对历史和语言学家研究古代语言文字的发展演变是非常珍贵的。

还有，自古以来，人们对犹太教艾赛尼派知之甚少，人们仅仅知道该派是当时犹太人中的四大派别之一。然而，这次发现的“死海古卷”中有大量关于艾赛尼派情况的材料、社团法规、感恩诗篇，还有他们描写光明之子与黑暗之子战争的作品，这对以后了解和研究艾赛尼派的宗教思想和社团生活是非常珍贵的。

再有，“死海古卷”对研究基督教与犹太教之间的关系，以及两者之间在教义、经典、仪式、组织形式等方面的联系也具有特殊的意义，对研究古代西亚地区的社会生活、政治制度、经济状况、文化艺术、民族关系等许多方面，也都是极其珍贵的材料。

有人也许会问，既然“死海古卷”如此珍贵，可谓无价之宝，那么，这些被发掘出的“死海古卷”现在流落在哪儿呢？

△ 发现古卷的山崖，《死海古卷》就被藏在死海西北的山洞中

最早的一批，也就是小牧童阿狄布偶然发现的那一批经卷，一开始就被耶路撒冷的叙利亚东正教大主教塞缪尔以教会的名义买走。但他并不是真正做学问搞研究的人，他买下这些古物，是想利用它来发财。于是，不久他就开始寻找买主。当时以色列政府倒是愿意出钱买，但由于以色刚与阿拉伯国家打完仗，双方彼此敌视，互不往来，耶路撒冷城当时在约旦的控制之下，所以，这些东西是不可能卖给以色列的。

1954年，塞缪尔来到美国，希望能在美国找一个买主。他在《华尔街杂志》上登了一条关于出售这批经卷的广告。碰巧的是，耶路撒冷希伯来大学考古学教授苏格尼克的儿子伊格尔·亚丁当时也在美国。此人不仅是以色列国防军一名著名将军，还是一位优秀的考古学家。看到广告后，他意识到这是一个千载难逢的机会，但他也知道塞缪尔是不敢违反约旦政府的规定把东西直接卖给以色列人的。于是他立即通过中间人与塞缪尔进行联系洽谈，同时又通过纽约美国犹太人的戈斯特曼基金会筹集到了25万美元，最后将这批宝藏买了下来，送到以色列的耶路撒冷希伯来大学。

另一批较完整的“古卷”由法国和约旦文物部于1952年到1956年发掘出来后，存在东耶路撒冷的洛克菲勒博物馆里，因为当时东耶路撒冷是在约旦的控制之下，而发掘工作得到了洛克菲勒基金会的慷慨资助。然而，1967年6月，在第三次中东战争中，以色列大获全胜，一举占领了整个耶路撒冷和约旦河西岸。所以，这批经卷也就全部落入以色列人的手中。

如此一来，大部分“死海古卷”都到了以色列人手里，只有少量的残卷流散在西方国家。

四、未解的谜团

对所有关心“死海古卷”的普通民众来说，目前有几个谜等待人们去解开：

第一，认真的读者一定不会忘记，我们在前面提到，在“死海古卷”里有两卷最为奇特的刻在铜片上的古卷，而在这卷铜片上恰恰记载的是耶路撒冷圣殿宝藏的名称、数量和埋藏的各个地点。如果人们能够准确地解读这两卷铜片，那就能找到人类历史上最具精神文化价值的那笔瑰宝——圣殿宝藏。但因为这是两千年前的古铜卷，发现时已严重锈蚀，有关人员不得不将它锯开成条。万分遗憾的是，铜卷被锯成小条条之后，却再也无法完整地拼凑起来，以致人们至今尚无法识别宝藏的地点。

第二，库姆兰地区已被发现的六百多种古经卷虽然已数量惊人，但是未被发现的到底还有多少呢?

第三，尽管以色列政府在1969年拨巨资在以色列专门建造了“死海文卷馆”，尽管来自世界各地参观的人们可以看到被置于玻璃展柜中的极少古卷的原件，尽管经过半个世纪的研究，专家们从“死海古卷”中发掘到许多珍贵的材料，但一方面因古卷浩瀚繁杂，许多经卷还有待于进一步整理和研究，另一方面，发现古卷时，它们历经两千多年的风雨，好多已支离破碎，现在学者还在竭尽全力地拼凑和研究数以万计的残篇断稿，因此，大部分“死海古卷”中的内容至今尚未公布。

那么“死海古卷”里面到底隐藏着多少秘密呢？“死海古卷”的全部秘密什么时候才能公之于世？目前，这一切都是未知数。

隆美尔把珍宝藏在撒哈拉了吗

隆美尔是德国著名的陆军元帅，他生性凶残、狡猾，惯于声东击西的伎俩。在北非的大沙漠上，他以力量悬殊的兵力与强大的英美联军交锋，出奇制胜，因而赢得了“沙漠之狐”的称号。

这个“沙漠之狐”在北非的土地上疯狂地屠杀土著居民，掠夺他们的财富，尤其是当地无比富裕的阿拉伯酋长，只要他们稍微表示拒绝支持纳粹事业，隆美尔即令格杀勿论。隆美尔用如此野蛮的血腥手段在很短的时间里积聚起一批价值极为可观的珍宝，这批珍宝包括满装黄灿灿金币和各种珍奇古玩的九十多只木箱及一只装满金刚钻、红宝石、绿宝石和蓝宝石的钢箱。

这批珍宝价值多少？谁也估算不出来。那只钢箱的财宝太迷人了，可谓价值连城，隆美尔自己本人也不清楚这批珍宝的价值究竟是多少。这批珍宝，除供隆美尔大肆挥霍外，还用以收买少数阿拉伯统治者。

隆美尔再怎么挥霍，也仅仅运用了这批珍宝的极少一部分。随着战局的进展，隆美尔自吹所向无敌的非洲军团全线崩溃。为了不让这批珍宝落入英美联军之手，隆美尔秘密调动了一支亲信部队，将这批珍宝藏在世界上某一个不为人知的角落里。

1944年，法西斯德国日暮途穷，德军一些高级军官谋刺希特勒，事涉隆美尔。10月14日，希特勒派人至隆美尔住所，要隆美尔考虑决定接受审判还是服毒自杀，隆美尔选择了后者。15分钟后，隆美尔便离开了人世。

隆美尔一死，唯一知道这批珍宝埋藏地点、方位、标志的线索便中断了。

对于隆美尔的这批珍宝，西方的一些冒险家们垂涎三尺，朝思暮想，希望有朝一日发掘这批珍宝，成为珍宝的新主人。他们不惜重金，派专家们南

△ 隆美尔

来北往，查阅有关密档，又千方百计地寻找所有可能知情的人。调查的结果，各种传说都有，但均不甚确凿，弄得冒险家们抓耳挠腮，一时不知从何下手。

其中的一种传说是这样叙述的：

在隆美尔的非洲军团崩溃前夕，“沙漠之狐”隆美尔曾调集了一支高速摩托快艇部队，命令将九十余箱珍宝分装于艇中，由突尼斯横渡地中海运抵意大利南部某地密藏。某日晚，快艇部队在夜幕的掩护下秘密出航，按预定计划行动，不料在天将拂晓时，快艇部队为英国空军发现。原来英军情报部门早就密切注视着这批珍宝的去向，英军情报部门除派出大批地面特工人员外，又动用飞机与舰艇，在空中和海上昼夜侦察，随时准备拦截。

当英军发现鬼鬼祟祟的德军摩托快艇后，料定珍宝即在其中，下令从空中和海上不惜一切代价截获。当摩托快艇行至科西嘉附近海面时，德军深知已无望冲出英军密织的罗网。当此绝望之时，隆美尔竟下令炸沉所有快艇。这支满载着珍宝的德军摩托快艇部队就这样在科西嘉浅海区沉没了。

从那以后，不时有人用高价雇用潜水员一次一次在科西嘉海底搜寻，可是一无所获，是科西嘉的海面过于辽阔呢，还是沉船的具体位置并不在科西嘉岛？抑或是隆美尔并没有炸沉快艇，甚至艇上并未载有珍宝？谁也说不清。

1980年，美国《星期六晚邮报》二月号刊载了一篇令冒险家们十分感兴趣的文章《“沙漠之狐”隆美尔的珍宝之谜》，作者署名肯·克里皮恩。作者说，声东击西的“沙漠之狐”并未用快艇载运珍宝。这批珍宝密藏在撒哈拉大沙漠中的一座突尼斯沙漠小镇附近。小镇附近遍布形状相差无几的巨大沙丘，这批珍宝即埋藏于某座神秘的沙丘之下。

作者说，1942年11月，美英联军在北非登陆。次年年初，兵分两路从东西夹击德意军队，前锋逼近濒临地中海的突尼斯城。1943年3月8日清晨，居住在距突尼斯城不远的哈马迈特海滨别墅里的隆美尔发觉英军已控制了海、空权，他的珍宝已无法由海路安全运出，决定就地藏宝。

3月8日深夜，在隆美尔与他的亲信严密监视下，这批珍宝被分装在15～20辆军用卡车上，车队在汉斯·奈德曼陆军E校的押运下连夜向突尼斯城西南方向行驶，在撒哈拉大沙漠边缘的一座小镇——杜兹停下。汽车驶至杜兹后，前方即是大沙漠，无法行驶。汉斯·奈德曼购买了几十匹骆驼，将珍宝分装在骆驼上，于3月10日踏入撒哈拉大沙漠。

驼队在沙漠中跋涉两天，最后将珍宝按预定计划埋入数以万计的令人无法分辨的某座沙丘之下。负责押送、埋葬珍宝的德军小分队在返回杜兹途中，意外地遭到英军伏击，全部丧生。藏宝人连同宝藏的秘密一起被撒哈拉大沙漠无情的黄沙埋藏了。撒哈拉大沙漠一望无垠，白天温度常在华氏百度以上，人称之为无情的地狱，谁敢贸然叩开这无情的地狱之门，隆美尔的大批珍宝能有重见天日的一天吗？

有的人对以上说法表示怀疑。他们认为，所谓隆美尔密藏珍宝云云，只不过是一个引人入胜的传奇故事，谁要是对它认起真来，谁就是一个十足的精神病患者。

张献忠青城山藏宝之谜

四川省著名旅游胜地青城山离成都70公里，周围约120公里，有“青城天下幽”的美誉，意思是天下名山中，青城山是最幽深、恬静的一个。山名青城，是因为诸峰环绕，状若城郭。山上树木茂盛，山路两旁古木参天，浓阴覆地，四季常青。青城山普照寺早期叫“金花庙”，供奉的是鎏华祖师，是由一座家族弃祠改建而成的贫穷小庙，“无食以养僧，无房以妥神”，就是这样一个小小的穷庙子，却在乾隆三十年以后，突然大兴土木，广置田产，到道光二十九年前后，经百余年间的连续扩建，普照寺一跃成为川西四大丛林之一，远近闻名。据估算，这段时间普照寺修建费用在万两金银以上，而普照寺碑文载：未受捐施，不假募助。那么，这巨大的耗资从何而来呢？这便是令后人百思不得其解的普照寺突然兴旺之谜。

成都民间曾经流传过一首民谣：“石牛对石鼓，银子万万五。”这首民谣隐藏着一个巨大的历史之谜。传说明末张献忠起义，推翻了明朝在四川的统治，建立了自己的农民政权“大西国”。后来清兵入关，四川境内发生连年混战，张献忠不得不退出成都，“大西国”被吴三桂灭亡。民谣就是说的张献忠兵败退出成都时，把“大西国”的金银财宝秘藏起来，为了将来能找到所藏之宝，不至于因年代久远而迷失，便设计了石牛和石鼓作藏宝记号，谁发现了石牛石鼓，就引发了可能找到“大西国”的神秘宝藏。

因此，围绕藏宝之谜，就有许多传说和猜想。有说财宝是埋在锦江河底的，也有说宝藏是随船沉入岷江的，也有认为张献忠的财宝是埋在青城山的等。直到20世纪90年代初，成都还掀起过寻宝热，甚至有人还拿出了藏宝图，一时间许多人跃跃欲试，要成立寻宝机构。其实寻找张献忠宝藏已非一日之事，也早自大西国灭亡以后，民间就有人开始寻宝，在抗日战争期间，成都就成立过锦江淘银公司，在九眼桥下大张旗鼓地淘银，经过一年多努力，果然在河底淘出一只石牛，一只石鼓，着实让人们兴奋不已，证明民谣传说不假。但继续淘下去，却见不到宝藏影子，淘银行动不了了之。

要想弄清张献忠藏宝的秘密，首先要知道张献忠究竟有没有可藏之宝。传说大西国成立之初，张献忠把他在战争中获得的奇珍异宝，特别是明成都皇室成员宝库中的金银财宝，在皇城举办斗宝大会，24间房子摆满奇珍异宝、金器银锭。其目的一方面为了展示皇亲国戚、富绅劣商的奢靡；另一方面炫耀他的富有。但这却引起了世人的关注，待到大西国灭亡，谁都想得到这笔财宝。据传大西军兵败成都时，十余艘大船从新津出发，沿岷江顺流而下，在彭山境内就被清军预先埋设的铁链拦住。大西国押运船只的兵将眼看敌不住清军的围攻，于是凿沉船只，弃船登岸逃走。清军早就知道张献忠有大量金银想要从成都运走，以为截获了运宝船队，欣喜若狂地登上还未完全沉没的一些大船，才发现船中装载着石块。

自从张献忠的宝藏随着大西国的灭亡消失以后，宝藏之谜就困扰着一代又一代关注这件事的每一个人。特别是成都和新津都先后发现数量不小的大西国“大顺通宝”钱币和银锭，更使寻宝人相信张献忠那24间大屋展示过的财宝就藏在成都或成都周边，其中关于青城山藏宝之事，更有许多奇闻和谜案。

奇案之一：普照寺暴富。

普照寺是坐落在青城山大观镇境内的著名佛教寺院，最早建寺的年代已无从考察，只知原寺在明末毁于兵燹。清代光绪三十二年（1873年）都江堰贡生高履和曾在《普照寺源流记》中说：“寺历数朝，世有传人，明末火于献。”明确指出普照寺是被张献忠焚毁的。清代康熙年间开始恢复，是一座仅占地半亩的简易小庙。乾隆中期，约在1776年左右，普照寺开始扩建。道光年间，方丈鉴山在未向社会各界民众化缘的情况下，突然大兴土木，修成占地400亩，殿宇五重，与二十四诸天暗合的24个天井，与黄道貌岸然周天同数的365间堂舍的宏伟大寺院，如果没有数万银子是很难建成的。按正规渠道的说法，是因为有神相助。清同治年间（1868年）任灌县知县的钱璋在《重建普照寺并建藏经楼记并赞》的文章中说："道光庚子，接代鉴山主方丈事，念累世之祖劬思懋建，真功德精诚所结，可格苍穹，即于是冬天示神奇，山裂石出，不劳雕琢，不烦辇运，自致良材以显名胜。灵峰于是因旧基而重新之，不加募助，添修广厦数十楹。"一下子修起几十幢房子，都是"天示神奇"，石头自己裂开，不雕刻、不搬运，自己就到工地上了，而且凭空就造成了一座大寺院，这绝对是不可能的。而民间流传的另一种说法是当时普照寺有一个叫果时的小和尚，到与普照寺相邻的雪山寺割猪草时，发现一处地方青草长得十分茂盛，而且今天割了第二天又很快长出来。此事被方丈知道了，心知有异，不事声张，暗地组织寺内各尚挖掘，却挖出一窖金银！这才有了普照寺大兴土木的资金来源。

奇案之二：张献忠青峰山采石之谜。

张献忠在1627年攻克武昌后建大西政权。1628年第二次进川攻克成都，并定都成都，于1646年战死西充。大西政权在四川共计只有18年时间。在大西国灭亡的前几年，张献忠最为倚重的义子张可旺率兵进驻灌县，并在民间搜罗了300石匠到大观镇境内的青峰山采石。青峰山是青城山的一支支脉，位于大观镇境内，普照寺就建在青峰山麓。奇怪的是，张可旺监督数百石匠采石，却并未运出山，也未在山中修建任何建筑物或用铺路。采石半年，却连300石匠也未见走出山来，消失在青峰山中。合理的解释是，张可旺可能奉张献忠密令，在青峰山以采石为掩护，秘密挖掘山洞或修建地宫，用来藏宝，因为根据时局的发展，大西国政权已岌岌可危，转移财宝是情理之中的事。大概张献忠也料到如果清军灭掉了大西国，再要复辟是十分困难的事，为作长期打算，必须埋藏财宝，以便将来之需。开采出的石材或者用来修了地宫，或者砌了山洞，也有可能掩藏在某处山坳。而采石的工匠，则全部杀害灭口。

张献忠青峰山采石之谜虽然无人破解，但有几件事却与藏宝联系起来。

其一，普照寺修建的石料传言是神仙之力，山裂石出，就如清道光灌县钱璋文中所言，但极有可能是普照寺僧人偶然发现了张献忠开采的石料。

其二，普照寺不但发现了石料，也发现了张献忠所藏之宝的一部分。

其三，张定国是张献忠最忠诚的部下，主管粮草后勤，是张献忠的财务和后勤部长。而张定国的部下——后来到普照寺任住持的心莲和尚专程到尚未修复的普照寺开创基业，并从他开始普照寺才一步步走向辉煌。心莲和尚到普照寺有两种可能：一种可能是到青峰山护宝，奉张定国之命保护大西国藏宝；另一种可能是他知晓藏宝的秘密，到青峰山伺机取宝。

古今中外，不断进行着藏宝与寻宝的游戏。藏宝者大都是高智商的人，他们不但要选择藏宝之地，更要设计藏宝的方法，而疑阵、设机关，真真假假、虚虚实实，总要经过万千思虑，做到不留痕迹，万无一失，让寻宝人耗尽毕生精力也猜不透藏宝人布下的迷魂阵。这样的例子实在太多了。

奇案三：普照寺与雪山寺的易名之争

相传雪山寺开山立庙后，代代僧人皆喜好练武。雪山寺的承传方式也很特别，并不像其他寺庙传袈裟之类的衣钵，而是像江湖帮会一样传信物。这信物就是以开山祖师啸云净命名的“啸云剑”。此宝剑不足二尺，剑鞘和剑柄镶有七颗宝石，为雪山寺镇庙之宝。凡据有此宝剑者，即为雪山寺主。可是到了清朝中叶后，邻近的普照寺突然崛起，其间雪山寺的“啸云剑”不幸被人盗去，住持方丈自责退位，云游四方，发誓不寻到宝剑绝不回来，从此杳无音信，雪山寺也就此衰落下来，一蹶不振。后来，雪山寺僧人认为这是旁边的蓥华庙改名普照寺相克所致：普照之下，雪山焉能不化？于是更换牌匾，将雪山寺更名为“乌云堂”，意在“乌云”遮挡“普照”，倒克普照寺。普照寺僧人也不甘示弱，在寺名前加上山名，换作“青峰山——普照寺”，取“清峰”谐音“清风”，意即“清风驱散乌云”，再反过来倒克雪山寺……

奇案四：心莲和尚之谜

普照寺挖出财宝可能与张献忠藏宝的另一条值得怀疑的线索有关，就是普照寺的开山祖师心莲和尚。张献忠被杀，而其部将张定国却率部转战南北，拥戴朱明王朝一个宗室子弟，打起了反清复明的大旗，分别在两湖两广活动了十多年，最后才在清军的围剿下，出境到了缅甸的桂所，坚持反清斗争。而就在这时，心莲和尚突然来到了青峰山，把殷姓弃祠改建成了蓥华庙。据传，心莲和尚曾在成都昭觉寺参学，数年后认国此处不合其理想，便前往名盛一时的报恩寺挂单，不想到达汉州时，报恩寺遭遇火灾，只剩一片瓦砾。丧气之余，心莲和尚在道旁树下休息，恍惚中，见一个高颧突骨、碧眼赤须的人牵了一匹红鬃大马过来，拍着他的肩头说："报恩寺遭劫，鎏华祖师应运迁居，师父何不追随而去？"心莲和尚赶紧双手合十为礼，求指明路。那人让心莲和尚同骑红马，瞬间来到一个地方，只见有破屋数间，鎏华祖师正盘腿坐在屋中。心莲和尚正欲上前拜识，忽然一声炸雷，大雨倾盆而至，把心莲和尚浇醒了。雷电惊梦，冷雨浇头，心莲和尚全然不顾，努力地追索、回忆梦境，后来竟按梦境寻觅到了青峰山开创了鎏华庙。

此说有委托之嫌，更何况，当时的殷姓弃祠极其破败，根本没有发展光大的可能，无法吸引心莲和尚。又有传说，心莲和尚是被青峰山的"金莲宝地"格局所迷，才于此不计艰难破败地开山立庙，弘法妙门。此说也太玄太缥缈、不可信。唯有一个解释合情合理，那就是心莲和尚是张定国的部将，受张定国之遣，从缅甸桂所秘密潜到青峰山看护张献忠的藏宝。如果这个假设成立，普照寺后来的诸多谜团便迎刃而解，不攻自破。

作为一个"护宝人"，心莲和尚以鎏华庙为掩护，恪守着自己的职责，其使命可能就是看护好藏宝，以便日后张定国攻入境内时，起出藏宝以资助和响应。然而出乎心莲和尚意料的是，没过几年，吴三桂便奉清廷旨意，率大军剿平了桂所，大西军便彻底灰飞烟灭。心莲和尚万念俱灰，最后在绝望和贫困中死去，但他临死前肯定向弟子讲明了他作为大西军将领、随"八大王"张献忠和张定国转战南北的不凡身世和经历。但不知为什么，心莲和尚没有向弟子说明藏宝之事，这可能与他心死如灯灭有关，想把藏宝作为一个谜永远烂在自己肚子里，或者他想：今后弟子们能不能发现和利用这笔藏宝，就看他们的缘分吧，佛门不是讲究缘分吗？所以直到心莲和尚死后许多年，普照寺的和尚才在无意间发掘出财宝。但是开山祖师是大西军将领的秘密却不宜张扬，只在各代住持和方丈之间秘密流传。

当然，至于真相究竟如何，还有待于进一步的考古证明。

上川岛宝藏之谜

上川岛地处广东省台山市西南部，素有“南海碧波出芙蓉”之称，是广东沿海最大的岛屿，也是中国第四大岛屿。上川岛岛屿面积为157平方公里，由一个主岛和12个小岛组成，全岛面积156.7平方公里，人口1.6万，12个小岛众星捧月般环绕着主岛，其中以东海岸的金沙滩、飞沙滩、银沙滩为度假旅游的上乘之处，是南中国海上的一颗璀璨夺目的明珠。

上川岛上有一个响当当的名字就是张保仔，这个明末清初威震广东沿海的红色帮首领，是一个极富传奇色彩的大海盗。据史载，当年他以上川岛为根据地，劫夺了许多清朝的进宝船和过往的商船，截获“花不光、用不完”的金银财宝，作为张保仔“老巢”的上川岛理所当然地便成了他主要的藏宝区。

相传当地的公湾、背仔迳、浪湾、棋盘山、乌猪岛、扯旗山、竹旗山等地都有张保仔未发掘的藏宝。面对着张保仔留下的众多遗迹，人们觉得，上川岛的山山水水都遍布着宝贝和神奇。

几百年来，有关张保仔藏宝秘窟的秘密被人们津津乐道，一直延续至今，成了几百年不解的藏宝之谜。

一、一个步步机关的小岛

据说早在600年前，上川岛就有人居住，那是在第一次地理大发现后，葡萄牙人开辟了从好望角至日本的贸易航线，而上川岛处于该航线的中间地带，从此，很快上川岛便发展为中国与西方之间的商品交流中心。六百多年的人文历史，见证了上川岛的沧海桑田，也赋予了上川岛深厚的历史底蕴。“红色帮”首领张保仔的宝藏传说等也为这个岛屿增添了神秘色彩。

在上川岛沙栏心村公路旁边的山上，有一块叫做“榄仔”的石头，处在一群乱石中，形似橄榄，表面光滑如镜。在山的对面，有一块灰白色的石

△ 上川岛风光

头淹没于绿草中，石上有一道天然裂痕，像极了美女的弯眉，所以叫做“蛾眉”石。两块石头神秘奇特的地方不是石的形状，而是“榄仔”石旁的一首诗：“榄仔对蛾眉，十万九千四。月挂竹竿尾，两影相交地。”据说这就是一首藏宝秘诀，在岛上流传甚广。村中老人解释说，“榄仔”石和“娥眉”石之间埋有十万九千四百两的金银，挖掘这些财宝的办法是，晚上竖起两根竹竿，月亮升到竿顶时，从两竿影子相交之处就可以找到宝藏。

但是问题接踵而至，该插多长的竹竿，两竿间的距离该是多少，哪一夜哪一时辰月亮所照之影为有效？几百年来，无数人探寻过，但始终无法破译。

而这首“榄仔对蛾眉”只是无数藏宝诗中的一首，那些诗句，能破解的，据说早就被人找到了宝藏；无法破解的，至今也无人知晓。传说，在上川岛以及附近岛屿的藏宝窟有几十处，由于藏宝窟数量很多，民间也就流传着各种神秘的秘籍簿，几乎所有岛民都珍藏着一本，亦真亦假，无法考证。

据传说张保仔的藏宝地点都记在手经本上，但手经本真本失传已久，连副本也只是口头流传。据说有个叫孟乐的人在乌猪岛放牛，一天他在一块大石上睡觉，醒后，发觉衣裤上有黏物，一看原来是石面有蜡，受热溶化，现出一石洞，石洞下有藏书一本，由于不识字，他天天撕下用作卷烟纸。一天他的友人上岛发现了那本书，当时只剩下两页，上写着：“乌猪洲有石船，船头向往穿石心，船尾向往三尖石下一石香炉，石香炉底下有井字，从井字量起三十六周线，黄金三百两，白银三皮箱。”后来有人闻讯带上电子探宝仪去探查，果然看见一块刻成香蕉型的石船，并于三尖石下找到了黑石浮雕的石香炉及炉底的“井”字，但三十周线是什么，怎么计算，却无从知晓，寻宝者只好就此罢休。

乌猪岛过去有一间小庙，庙里有三个石神仙，庙前写着“石神仙，本来天，远在天边，近在眼前”。以前有渔民前往上香，风吹纸宝烧在三个石神仙身上，谁料，三尊石像其中一尊竟是封了石蜡的金菩萨，经火一烧石蜡顿即熔化现出金身，渔民上香得金，真可谓现拜现发。

在上川岛上围绕着张保仔的藏宝，几百年来引发的扣人心弦的故事还有许多。很久以前的某一天，阳江一个渔民到琴冲村汲水，脚踏琴石，琴石翻转，一缸白花花的银元便呈现在眼前。面对着飞来的横财，这个阳江人心花怒放，即唤来其他人一起搬银上船，由于众人心情过于激动，不慎将缸碰破，整缸白银顿沉大海，船面上只留下烂缸片一块。他们迅速跳入水中打捞，可是捞来捞去一块银元也捞不着。几天后此船到广海卖鱼，发现那只沉海的破缸摆在一家渔栏里，船民不相信眼前的事实，派人回船取来烂缸片一对，果然无误。原来，几天前该渔栏的船在琴冲海打鱼，忽遇重物滞网，潜水排除故障竟发现是一缸白银。渔栏的老板得知了事情的来龙去脉后，安慰阳江人说：“福由天赐，既然你有缘，我出钱给你装条新船吧！”阳江人失银得船，终究没有空欢喜一场。

另一则更为有趣的故事是，传说民国年间，一新会人来到茶湾，悄悄地向一老翁打听扯旗山石船的地点，老翁生疑，新会人说明真相，原来在新会暗传着张保仔的一首藏宝秘籍诗，说宝物藏在扯旗山石船其间。老翁听后窃喜，给新会人指了一个错误的地点，自己立刻召集人手赶往扯旗山。然而直到天黑，也找不见财宝的影子，老翁只好悻悻而归。待老翁走后，一直尾随其后的新会人，在船尾几米处的锚状石下挖出了万两黄金。原来万两黄金藏在“锚间”，而非“其间”。

上川岛无数藏宝诗，无数寻宝传说都与张保仔有关，清嘉庆年间、威震南海的张保仔，何许人也？为何会在上川岛藏下诸多宝藏？这得一一从头说起。

二、威震海域的“红色帮”首领

清嘉庆年间，广东沿海活动的海盗急剧增加，这些海盗有积年的匪盗，也有大批被“逼上梁山”的善良居民。他们分为多股，数以万计，向来往的中国商船勒收“买路钱”，有时也绑架沿海居民向其家属勒索赎金。当时珠海所属的香山县东龙穴、蕉门、大沙尾、西叠石海、南三门、竹洲、平山、磨刀等地，都是海盗船舶停泊的地方。

这些海盗以旗号分别形成一个个集团霸踞一方：有红旗帮，头目是郑一；黑旗帮，头目是郭婆带；黄旗帮，头目是吴知青；蓝旗帮，头目是麦有金；白旗帮，头目是梁宝；青旗帮，头目是李尚青。其中郑一红旗帮规模最大，力量最强。

张保，又称张保仔，于1786年出生于广东省新会县一个渔民家庭，全家靠捕鱼为生。张保仔15岁那年出海捕鱼，被郑成功部将郑建的后裔郑一领导的“反清复明”的红色帮掳去。郑一见张保仔聪明机警，收留他在身边。这样，张保仔就被迫“落水”，成为“海盗”，后来当了小头目。

1807年，郑一海上遇难身亡，其妻石氏倚重张保仔，并将一支队伍交给张保仔带领。由于张保仔英勇善战，威望日高，于是，张保仔成了郑一嫂的新夫，又成了红色帮的新主。

张保仔带领红色帮的舰队，以新宁县的上川岛为主要基地，活动于新宁、新会以至澳门、香港及广州湾一带海面。他们游弋海面，专门袭击清政府的运输船和外洋船；在沿海地区，惩治官兵，取给予官府和富户。红色帮初时纪律良好，维护百姓利益，如取予百姓物品，必须以加倍价钱给付，若强取百姓财物，立即处死。因而红色帮深得劳苦大众的拥护和支持，日渐壮大。

嘉庆三年，红色帮于上川海面拦截了清政府的武装商船“鹏发”号，获得安南王进贡清朝的大量金银珠宝后更是声威大震。他们控制了上川岛、下川岛、赤溪半岛，沙沮沿海，东至香港，西至广州湾的许多岛屿，并在上川岛北端和赤溪半岛南端设炮台控制了这一重要航线。凡有船只过往，就通令靠岸查验然后放行，若是对方不从，张保仔就升起用薄铁片制成的三角令旗，旗尖指着哪个方向，其手下的船队就往哪个方向出击。

张保仔率领红色帮多次对沿海清军驻地进行围攻抢掠，今珠海境域的虎山、磨刀驳台、老万山等地都曾经是海盗与乡民和清兵交战的战场，张保仔声称要做“郑成功第二”，推翻清皇朝，建立汉族的新皇朝，赢得了不少民众的支持。广东官兵虽然屡次出战，但常被张保仔打得大败。

他更以香港为根据地，开荒生产，还常与海外华侨往来，使当时荒凉的香港岛兴旺起来，居民达二十多万。香港至今还有不少张保仔活动的遗迹，“东营盘”、“西营盘”都是张保仔营寨所在地，扯旗山有条张保仔古道，鸭脷洲有张保仔石炮台，五鼓岭有张保仔瞭望台，马湾天后庙有张保仔外寨，长洲及赤柱春坎角有张保仔洞……

红旗帮有一次在南海与葡萄牙船队冲突，全歼葡队，发现葡舰上的财物全是袭击掳掠中国客船得来，引起张保仔极大愤慨，激发了他的民族感情，于是常集结大队，纵横海上，经常袭击侵犯我国领海的葡、西、荷、英等国船舰，使殖民者提起张保仔都心惊。

公元1809年，两广总督张百龄上任后，采取了封锁海港、禁止商船往来等措施，杜绝对海盗的柴米接济，同时谋求备受海盗侵扰的葡萄牙人在澳门至虎门一带配合中国水师攻剿海盗。在强大的攻势下，张保仔在海战中屡次受挫，力量一步步被削弱。久居洋面，大众粮缺，船舶被海潮腐蚀，得不到修葺，张保仔渐生归顺之意。而张百龄因为兵力不能强敌制胜，也派遣了流寓澳门、与张保仔熟识的中医周飞熊前去传谕，张保仔和郑石氏终于决定接受朝廷的招安。

公元1810年，百龄派口辩能言的张飞鸿向张保仔正式劝降，张飞鸿鼓起如簧之舌进行欺骗游说，骗张保仔以“大义”，归付清廷。张保仔等率领配备1200门火炮的270余艘船只、1.6万名部众和5000名妇女向朝廷投降，被清政府授为千总。

受降后的张保仔主动请求“领兵捕余寇”、“诱擒”，于七星洋俘虏了黄色帮300余人，又和蓝色帮大战于海南的儋州海面……至此，在广东沿海活动十余年的海盗基本肃清，张保仔也很快升任澎湖协副将，前去赴职。

张保仔出降时，内部分歧，反对投降的队伍相当庞大，骂他中途变节，是叛逆。张保仔出降后，留在香港尚有六七万人，大小船只千余艘，不肯归附。而张保仔又引官兵到处进剿五色帮，他们走投无路，纷纷扬帆奔向菲律宾、北婆罗洲、马来西亚等地。这是近代在契约华工出现之前，流向海外最多的一批华人。

公元1819年，张保仔被晋升为福建闽安协副将，为二品武官，其妻石氏亦被诰封二品夫人。公元1822年，张保仔死于福建闽安协副将任上。

张保仔短暂的一生中，以做海盗的日子最为辉煌，当了官之后，也就是庸庸碌碌一个凡人罢了。藏宝上川岛，是他在自己巅峰岁月里的神来之笔。我们知道，在一般的宝藏故事里，藏宝或是迫于时势，不得已而为之；或是由于突起的自然灾害，人们全无抵抗之力。这里面，张保仔是个例外，他只为藏宝而藏宝，更像一个狡黠的游戏。

三、陪两百年前的大海盗猜谜

在我们所熟悉的宝藏故事里，很多言之凿凿的“藏宝诗”、“藏宝图”、“藏宝秘籍”之类，往往会被证明只是一场骗局。那么张保仔在上川岛上留下如此多的藏宝歌谣，一时间那儿又涌现出许多被幸运撞了腰的寻宝人，是不是也有些夸张失实？

这就需要我们重新从张保仔的身世性格里去寻找根源。

张保仔是“红色帮”首领，威震广东沿海的大海盗，但他当年横行海上的时候，只是一个20岁左右的少年，颇有些童心未泯的味道。红色帮以上川岛为根据地，劫夺了许多清廷的进宝船和过往的商船，截获了大量的金银财宝，张保仔将这些财宝分为三份，天一份、地一份、人一份。天一份，用于资助当地贫民；地一份，挖地为牢隐藏起来以应急需；人一份，颁奖有功将士。作为一个渔民出身，没有什么文化，又长年在波涛汹涌的大海上讨生活的年轻人，张保仔心中充满了对苍天海神的敬畏，他不折不扣地执行着这“三三”制的分法，在给他的那一份上，充分发挥出了自己的游戏天才。

其实，在张保仔的日常行为中，也不难发现他少年好事的心态。在长川岛，他把自己的“司令部”建在了岛西南部的沙堤渔港的棋盘山，棋盘山上大石林立，古洞密布，洞中有洞，洞洞相通，是一个易守难攻的天然地下洞穴群。张保仔命人在山顶最高处的大石上凿了一个棋盘，用来玩一种叫“下三”的广东民间土棋，他经常和军师在此处下棋。至今，棋盘山顶尚存有张保仔的棋盘，可供欣赏。下棋、藏宝，对张保仔来说都是荒岛上的一种有趣的娱乐，为此他用心地把藏宝地点都记在手经本上，并编出一些歌诀流传后世。

据传说，在上川岛以及附近岛屿上光藏宝窟就有几十处，公湾的“倒吊人头”、背子迳的“鬼仔上桅（即迎客石）”、浪湾的“七星伴月”、七盘山的“石手指”、乌猪洲的“半边月”石刻、扯旗山的“金井”、竹旗山的“银顶”……这些地方都有张宝仔的藏宝。

至今在香港都还保留着数个“张保仔洞”，分别位于长洲、南丫岛、香港岛、赤洲和小交椅洲，其中以位于长洲西南面的张保仔洞最为著名。

这个张保仔洞位于长洲的西湾，洞约十尺长，传说中这个洞是海盗张保仔用来摆放抢夺得来的金银珠宝的地方，但可惜，其后那些珠宝已被人偷去了，所以现在的张保仔洞只是一个空的石洞，只供人们游览和欣赏。

山川依旧，历史长存，在今天，张保仔的宝藏已经成为上川岛迷人魅力的重要组成部分，不管你是有旅游观光的雅兴或寻幽探险的爱好，都可以来亲历这个传奇。

“马来之虎”宝藏之谜

1944年秋，太平洋战争的形势急转，日军主力遭到盟军的严重打击，日军溃败，濒临覆灭之时，山下奉文万般无奈之下，让菲律宾人把他掠夺得来的这批财宝藏起来，然后把埋宝人全部杀死灭口。宝藏图分为若干份由亲信秘密带回日本。随着山下奉文的十几万军队覆灭，他也被活捉，并被判死刑绞死在马尼拉。战犯山下奉文被吊在了历史的绞刑架上，结束了他罪恶的一生。从此，“马来之虎”宝藏成为历史谜案，“马来之虎”宝藏也是世界知名的五大军事宝藏之一。

一、“马来之虎”——山下奉义

山下奉文何许人也？让我们带着沉痛的心情来看看这位外号“马来之虎”的山下奉文曾经犯下的滔天罪行吧。可以这样说，他的一生就是日本军国主义者血腥人生的缩影。

山下奉文是第二次世界大战期间的日本陆军大将，曾任侵略东南亚的日本14方面军司令官，由于他性情残酷，作战勇猛，指挥部下进行马来战役而且占领了英国远东海军基地新加坡，因此被人称之为“马来之虎”，这个曾经涂炭生灵、搅得东南亚人不得安宁的魔鬼，即使在死后，因为他留下的巨额财宝也搅得当地人民心神不宁，着魔疯狂。

在占领东南亚期间，山下奉文从泰国、新加坡、马来西亚和菲律宾搜刮了黄金、钻石和珠宝等巨额财宝，这批财宝主要是山下奉文为了向日本天皇进贡而搜刮的东南亚人民的财富。

二、贪心的总统——费迪南德埃·马科斯

一位总统为何会卷入“马来之虎”宝藏呢，背后的真实原因大概源于这位总统的贪婪野心。一位曾经有着“抗日英雄”美誉的总统是如何在自己心魔的驱使下，走上了敛财之路的。

菲律宾总统费迪南德埃·马科斯（1917～1989年），1917年生于北伊罗戈省萨拉特镇，1989年9月28日卒于美国夏威夷。青年时就学于菲律宾大学法律系，获法学士学位。父亲是政治家，因为他父亲的政敌遭到暗杀而牵连到他，1939年判决他有罪。他上诉菲律宾最高法院，一年后宣判无罪。第二次世界大战中曾被日军俘虏，在由巴丹至北吕宋的“死亡行军”中幸免于死，脱逃后成为菲律宾抗日领袖。1945年春被麦克阿瑟将军任命为北吕宋八省行政官，获上校军衔，有“抗日英雄”之誉。1946～1947年任共和国独立后首任总统罗哈斯的技术助理，1949～1959年任众议员，1959～1965年任参议员，1963～1965年为参议院议长。原为罗哈斯创建的自由党的主要成员，1965年因未被该党提名为总统候选人，脱离该党。后以国民党候选人身份同自由党主席马卡帕加尔“竞选总统”，获胜后于1965年12月30日就总统职，1969年连选连任。在首届任期内使农业、工业、教育都得到发展，但全国犯罪率上升，学生示威游行和农村游击队活动不断，在国际事务方面大力支持美国参与越南战争。1972年9月21日颁布军事管制法，集各种非常权力于一身。1981年1月17日宣布结束军事管制，但仍以铁腕进行统治。同年4月公民投票批准了各种宪法改革，建立新政府体制，继续实行总统制。他于6月16日击败了仅有的象征性竞选人而获胜，6月30日就职，开始6年的新任期。1986年2月7日，在反对党的一再呼吁和美国的压力下宣布提前大选，国民议会宣布他再次当选。但由于菲律宾人民的强烈反对和国防部长恩里莱及其部队的倒戈，马科斯在统治菲律宾22年后，于1986年2月

△ 日本战犯山下奉文

25日举家逃往夏威夷。病故后，经阿基诺政府的批准，其灵柩于1993年返回家乡北伊罗戈省安放。

我们从以上费迪南德埃·马科斯的人生简历中可以看出，他在1941年12月太平洋战争初期任美军少尉，是美国远东军21师情报官，驻守菲律宾。由于马科斯在战争中有接触日本军官的不同寻常的经历，使得马科斯很有可能在战后寻找山下奉文的宝藏。1965年11月，马科斯在当选菲律宾第六任总统后，立即组织人手暗中对山下奉文宝藏进行挖掘。但是究竟马科斯挖没挖到山下奉文宝藏呢，恐怕只有马科斯自己心里清楚。因为马科斯时而肯定自己挖到了山下奉文宝藏，时而又否定自己说过的话，亦真亦假，让人们难以判断，这样，就更加增加了山下奉文宝藏的神秘色彩。

三、围绕金佛——“寻”与“夺”之间的战争

菲律宾人得悉山下奉文宝藏的消息后，战争一结束就着手进行挖掘。菲律宾寻宝协会主席洛塞斯于1970年，经过8个月的挖掘，在一座山里发现了许多尸骨，这大概是当年被杀害的埋宝人，接着，又发现了一尊金佛，高28英尺，重2000磅，金佛头部可以转动，金佛腹部是空心的，金佛腹中藏有无数钻石珠宝。估计金佛的纯金值2600万美元，腹中珠宝价值无法估计。洛塞斯断定这尊金佛是“马来之虎”宝藏的一部分，山中肯定还有财宝。洛塞斯得宝后并未守口如瓶，而是招来亲朋观赏。

消息很快传开，总统马科斯得悉后，利用他的权威，通过他的法官叔叔，以“非法藏匿国宝罪”控告洛塞斯并没收了金佛和珠宝。洛塞斯虽然不服，愤愤不平地上诉参议院，但又怎能抗得住总统势力，马科斯略施小计，参议院召开的金佛听证会在手榴弹的爆炸声中，以9人死亡，96人重伤的大惨案而告终。随之，洛塞斯被拘捕、监禁，关押两年，洛塞斯屈服了，被迫声明不再追究金佛下落而获释，洛塞斯出狱后便移居美国。从此金佛便安安稳稳落入贪心的马科斯手中。

四、遗嘱中显现的“马来之虎”宝藏

1970年，马科斯从洛塞斯手中夺走金佛，只不过是马科斯对“马来之虎”宝藏明目张胆的一次抢夺。其实，他自1965年就任总统以来，暗地里一

直在策划和挖掘“马来之虎”宝藏，但是否得手，一直是个谜。过去几十年来，菲律宾一直流传着前总统马科斯挖到了“马来之虎”宝藏的消息。马科斯对这一传说一时承认，一时否定，弄得真假难分。从历史上看，马科斯于1942年在日军扶持下的伪政权中当官，经常接触日本军官，我们可以推测他对藏宝秘密确有所闻，对藏宝的地点可能也会有所知，但能否因此而获得宝藏是另一回事情。

1986年，菲律宾新一届总统科拉松·阿基诺上台，阿基诺于1933年1月25日生于马尼拉，祖籍中国福建。曾在马尼拉女子学校受过教育，13岁随父母去美国。1953年毕业于纽约的圣文森特山学院，获文学士学位。1954年同《马尼拉时报》记者贝尼尼奥·阿基诺结婚。阿基诺后来弃文从政，成为马科斯的政敌。阿基诺被暗杀后，阿基诺夫人登上政治舞台。1985年12月，她作为反对党候选人参加总统选举，得到各层选民的广泛支持。1986年2月16日，她组织数十万人举行集会，抗议执政党选举舞弊。大选日，国防部长恩里莱等人宣布脱离马科斯，支持科拉松，使形势急转直下。2月25日凌晨，阿基诺夫人以新总统身份在国家电视台发表讲话，宣布正式接管国家权力。上午9时，她在一位法官的主持下宣誓就任总统。9小时后，马科斯下台。科拉松·阿基诺成为菲律宾乃至亚洲国家历史上第一位女总统，直到1992年6月她才去职。

阿基诺夫人上台后，准备审查独裁者的罪行，马科斯闻讯举家逃亡美国。在逃亡的过程中，这位贪心的总统仍然舍不得扔下他的不义之财。在经过海关的时候，他携带的大量金银财宝未能通过海关的安检，这批金银财宝被海关扣留。事后经过海关的清点，这批财宝包括数百万的美钞，若干金条和数不清的金银珠宝钻石首饰。事实胜于雄辩，在事实面前，人们不再需要马科斯亲口承认他已经挖到了“马来之虎”宝藏，因为这些金灿灿的珠宝就已经把答案告诉了人们，但是这些珠宝只不过是“马来之虎”宝藏的冰山一角，大量未显现的“马来之虎”宝藏仍然在海平面以下静静地隐藏着。在海关截获了马科斯携带的不义之财后，人们获得了一个更为有利的物证——录音带。由于马科斯出逃匆忙，在总统府落下了他敛财的重要物证几盘录音带，录音带上清晰地显示录制时间是1983年5月27日，录音带的大概内容是关于出售黄金的，这批黄金大概有2000吨，分别放置在世界各地，如伦敦、瑞士、中国香港、新加坡等。如果物证没有造假的话，我们可以稍稍松口气了，因为巨额的“马来之虎”宝藏已经开始显现。

马科斯逃亡夏威夷后，仍然不甘心自己的政治生涯这样草草结束，一直寻找机会试图东山再起。马科斯希图通过发动菲律宾政变来达到自己东山再起的野心。他曾经多次支持菲律宾的叛乱头目霍纳桑发动政变，但都以失败告终。1986年5月，马科斯主动接触两名美国军火商，马科斯对军火商说，他有1000吨黄金还埋藏在菲律宾，有10亿美元存在瑞士银行，这些黄金和存款足以支付相关的军火费用。马科斯要从军火商那里购买可以武装上万人部队的装备，还有毒刺导弹和坦克大炮。但是，美国军火商面对马科斯开出的巨额购买经费的诱惑却不敢与他做这单军火生意，美国军火商认为这不同于一般的军火弹药买卖，而且涉及政治交易。谨慎的美国军火商把自己同马科斯的秘密谈话的录音交给了美国中央情报局，而后，美国中央情报局又将这盘录音带交给了阿基诺政府。

后来，马科斯承认他准备用来买军火的黄金仍藏在菲律宾，这批黄金只是山下奉文宝藏的一部分，至于具体的藏宝地点只有山下奉文自己和他的儿子知道。

马科斯在临终时，当着友人的面曾立过口头遗嘱，许诺把私藏的价值四十多亿美元的黄金“献给”菲律宾人民，遗憾的是还没有等他说出储藏黄金的地点，人就开始昏迷，直到呜呼归天。神秘的“马来之虎”宝藏刚刚开始显现，就再一次沉入了谷底……

敦煌宝藏之谜

一、敦煌，有一个更为辉煌的过去

敦煌，位于甘肃省河西走廊的西端，南枕祁连，襟带西域，前有阳关，后有玉门关，是古代丝绸之路的咽喉。汉代起，敦煌是辖六县之郡。东汉大文学家应劭称："敦，大地之意；煌，繁盛也。"2000年后的今天，这一"繁盛大地"以其拥有的举世无双的石窟艺术、藏经文物而成为人类最伟大、最辉煌的历史文化遗产之一。

站在古长城的重要关隘——嘉峪关的城墙上，向西望去，沙海茫茫，透着荒凉，也透着神秘，举世闻名的敦煌莫高窟隐藏在滚滚黄沙之中。莫高窟又名千佛洞，位于甘肃省敦煌县城东南25公里处，洞窟开凿于鸣沙山东麓的崖壁上，上下五层，南北长达1600米，敦煌莫高窟起建的年代大约在公元364年至366年间。1600年间，这里先后开岩凿洞，最盛时，曾有石窟千余，号称千佛崖、千佛洞。

据唐代武周圣历元年（公元698年）《李怀让重修莫高窟佛龛碑》记载，早在前秦建元二年（公元366年），有一位叫乐樽的僧人，行到此山，忽见金光照耀，状如千佛，于是便在崖壁上开凿了第一个洞窟，从而拉开了敦煌莫高窟辉煌历史的序幕。从此以后，历经十六国、北魏、西魏、北周、隋、唐、五代、宋、西夏、元代的相继开凿，终于形成了一个内容丰富、规模宏伟、艺术形式瑰丽多彩的石窟群。据统计，目前仍保存有洞窟492个，壁画45000平方米，彩塑2415身，唐及宋木构建筑5座，莲花柱石和铺地花砖数千块。莫高窟的洞窟形制有禅窟、中心柱式、方形佛殿式、覆斗式4种，其中最大者高四十多米，最小者高不盈尺。窟内塑有大量的形式多样的泥质塑像，有单身像和群像，一般都是佛像居中，两侧侍立有弟子、菩萨、天王、力士

△ 敦煌莫高窟

等，少则3身，多则11身。莫高窟的这些造像，神态各异，精巧逼真，其艺术感染力令人惊叹不已。而洞窟内的壁画，绚丽多彩，其内容包括有古代狩猎、耕作、纺织、交通、作战，以及房屋建设、音乐舞蹈、婚丧嫁娶等生产活动和社会活动的各个方面。遗存的几座唐宋木构建筑，是目前国内所存最为古老的古代建筑的珍贵实物资料。除上述所涉及的以外，莫高窟还收藏有丰富的佛经绘画、文书等文物。

我们现在所见的敦煌莫高窟，并非历史上最辉煌壮丽的景象。历代的碑文、洞窟内的壁画和题记、建筑遗迹，都在告诉我们，敦煌莫高窟有一个更为辉煌的过去，是名震海内外的佛教艺术的最大宝库。如此辉煌壮丽的莫高窟，为什么要建造在荒凉寂寞、渺无人烟的沙漠地区呢？原来莫高窟所在的敦煌，曾是古代通往西域的起点，两千多年以前的汉武帝时期，负有凿通西域使命的张骞从这里走过；汉武帝时，水师将军李广利攻破大宛国时也曾从这里走过；印度佛教在一千九百多年前（西汉末年）经大月氏传入中原大地时从这里经过；九百多年以后唐代的玄奘法师西行取经也曾从这里经过。在历史上，敦煌是边防重地，是交通中心，更是中西文化的大碰撞、大交流、大融合的交汇点，是以佛教为代表的宗教繁荣的圣地。石窟寺艺术起源于古代印度，在佛教的流传过程中，石窟寺艺术也如同一粒种子一般，撒落在佛教所传播的地区，敦煌的莫高窟，正是其中融合了印度佛教艺术、西域风情、中原传统等种种营养培育出来的最为优良的种子所生成的最为美丽的花朵。

但是，莫高窟却是在社会的大动乱中开放出的佛教艺术的花朵。从西汉末年，佛教便开始在中国流行，但其流行所依恋的土壤，却是社会的动荡、人们的贫困。特别是东汉末年以后，简直成了一个盗贼蜂起、天下大乱的时代，魏、蜀、吴的三国鼎立和频繁战乱，把人民推向了难以偷生的边缘。于是，一个奇怪的现象发生了：城市和村庄在战乱中被夷为平地却没有人去管，而平地之上建起了数不清的佛教寺庙。佛教的教义，吸引了成千上万的人们，上至帝王权贵、下至穷困百姓。在东汉末年到隋代统一近300年的时间里，是佛教在中国最为兴盛发达的时期。敦煌莫高窟，正是在这一时期日益生长成为一朵中国佛教艺术的奇葩。在荒漠的沙丘之中，从前秦开凿第一窟始，到隋唐便进入了辉煌的顶点。到唐天宝年间，“安史之乱”发生，不仅葬送了大唐的繁荣，也使莫高窟这支艺术奇葩开始踏上了枯萎之路。

汉代起，敦煌作为西陲重镇一直是兵家必争之地。每次兵灾之际，管理莫高窟的和尚就要逃一次难。宋景祐二年（1035年），西夏之乱祸及敦煌莫高窟，和尚照例要避祸他乡，遂把不便带走的经卷、文书、绣画、法器等，都统统封闭在一个洞窟的密室里，外面用泥壁封堵，并绘上壁画。然而，这批和尚一去就再也没能回来。这个密室便盛着5万余件宝藏静静地安息了七八百年。明洪武五年（公元1372年），在明代长城的最西端修建了著名的嘉峪关，把位于关外的土地置于中央管辖之外。嘉靖时期，干脆封闭了嘉峪关，彻底放弃了敦煌莫高窟，在当时中国人的心中，已经不知莫高窟为何物了。此时的明代，也曾称大明帝国，曾派郑和七下西洋，但对敦煌，对这座已有一千多年历史的中国佛教艺术的宝库，却极其冷漠，把敦煌推上了被损毁的边缘。在大明统治的三四百年的时间里，没有对敦煌莫高窟的发展作出丝毫的贡献，没有维护，没有香客，没有游人。

清代开国之初，同样没有关注敦煌莫高窟的存在，只是偶尔有几个文人墨客来此一游，抒发一点悠悠思古的情怀。到公元1900年，莫高窟才因为有外国人来此探险而名震中外。此时，正是清王朝最腐败的时期。

二、莫高窟宝藏被发现的经过

最早发现敦煌莫高窟宝藏的，是中国人王圆箓。清朝末年，他生在湖北麻城，结束了在军队当小兵的生涯后，因无所事事，便做了道士，迢迢千里来到敦煌。当时的莫高窟寺院，多为红教喇嘛，只有王圆箓能用中文诵道经，倒有些香火，生意不错。于是他就雇了个姓杨的为他打下手，写经文。杨某抄经之暇爱吸旱烟，用芨芨草点火，并把剩下的草插在洞窟墙壁的裂缝中保存。公元1900年5月26日，他在插草的时候，发现墙缝深不可止，便用旱烟袋头敲了敲墙，感到里面是空的！于是他赶紧叫王道士，两人夜半破壁，发现里面有一个泥封着的小门。此时天已渐亮，去掉泥块，出现一条通道，进入通道后，一个黝黑的高1.6米，宽约2.7米的复室出现了，室内堆满了数不清的经卷、文书、绣画、法器等。王道士当时对这批5世纪至11世纪文物的价值几乎一无所知，震惊世界的“藏经洞”就这样无意中回到了人间。

“藏经洞”中埋藏有从公元4世纪到公元14世纪的历代文物五六万件。这是世所公认的上世纪初我国考古学上的一次重大发现，文物中的写本除汉文外，藏文、梵文、怯卢文、粟特文、古和阗文、回鹘文、龟兹文等各种民族文字写本，约占六分之一，并有绢本绘画、刺绣等美术品数百件，写本中除大量佛经、道经、儒家经典之外，还有史籍、账册、历本、契据、信札、状牒等，这些文物对于研究我国古代的政治、经济、文化、军事以及中外友好往来，具有重要的历史和科学价值。莫高窟被冷落是极为不幸的，但莫高窟的价值被重新发现所带来的幸与不幸，也是同样巨大的。历史把最早发现莫高窟“藏经洞”的王道士称为开创现代“敦煌学”的大功臣的同时，又把他称作中华民族的大罪人。

在当时的敦煌县，似乎只有县知事汪家瀚稍有古董知识，他听说此事后，向王道士索要了一些经卷和画像，并把其中的一幅作于北宋太祖乾德六年（公元968年）的水月观音画像和两卷经卷送给了甘肃学政叶昌炽，这是藏经洞里的珍藏第一次流落到莫高窟以外的地方。叶昌炽是一个有保护文物意识的人，他建议甘肃布政使下令把这些古物运到省城加以保护。但这些官吏认为花费五六千两银子的运输费来保护这些“废纸烂书”，实在是不值得，仅仅下了一道“经卷佛像，妥为封存”的命令。于是，保护这些经卷的重任，又落到它们的发现者王道士的肩上。

王道士暗地里思忖：这到底是些什么东西，有什么作用，是什么人埋藏的，为什么要埋藏？一连串的问号，使王道士下决心要追出一个结果。他表面上执行官府的命令，封存了藏经洞，私下里却把他认为是有价值的经卷收藏了起来。后来，他偷偷地装了一箱经卷，去向酒泉道台满洲人廷标“问一个明白”。

藏经洞出土了敦煌遗书中最大宗文献，尤为历史文化名城锦上添花，它又成为分别研究起自东汉，中经两晋、北魏、西魏、梁朝、北周、隋、唐、五代、北宋、西夏，下至元朝，涵盖各朝代文明的重要资料。敦煌学家姜亮夫教授认为“整个中国文化都在敦煌卷子中表现出来”。该窟发现数以万计的古代佛经、道经及世俗文书等，是研究我国近两千年学术文化发展的宝贵文献，历史之积文终成后世之瑰宝，实为我国学术及世界学术之大幸。可惜这些宝卷未能被当时的中国政府重视，多被外国人劫走，使中国文化蒙受了一次巨大的损失。

敦煌石窟密洞中，所藏遗书以佛教典籍最多，还有天文、历法、历史、地理、方志、图经、医书、民俗、名籍、账册、诗文、辞曲、方言、游记、杂写、习书，成为多种物质文明和精神文明的重要依据和补充参证，其主要部分又是传统文献中不可得见的资料，价值尤为珍贵，所以被视为中国文化史上的四次大发现之一。敦煌遗书以汉文最多，又有吐蕃文、回鹘文、西夏文、蒙古文、粟特文、突厥文、于田文、梵文、吐火罗文、希伯来文等多种古代民族文字，成为研究这些古代民族语言文字和民族历史、宗教、文化的珍贵资料，它又具有民族学价值和国际意义。

三、斯坦因对丝路文物的劫掠

掠夺敦煌宝藏的外国人首先是斯坦因，斯坦因1862年出生于匈牙利首都布达佩斯的一个世居匈牙利的犹太人家庭。1883年，21岁的斯坦因从德国的杜宾大学毕业，第二年到英国伦敦大学和牛津大学研究东方语文和考古学。

1900～1901年，斯坦因第一次来华，由于一位名叫杜狄的向导的帮助，使他在和阗沙漠的发掘有了很大的收获。1904年，斯坦因提出了第二次来中国的计划，根据这一计划，斯坦因将在中国进行两年的考古发掘，地区扩大到甘肃的敦煌。为了保证这次中国之行的成功，斯坦因特意请了一位名叫蒋孝琬的湖南人为秘书。

在蒋孝琬的帮助下，1907年3月，斯坦因来到敦煌莫高窟，展现在他面前的一切，使他大为吃惊，感到不可思议。那好几百座凿于黑暗的岩石上的大大小小如同蜂房一般的石窟，从壁底直达崖顶，连成密行，长达半英里以上。更让斯坦因惊心动魄的是，每一个石窟中都有壁画，有的壁画在外面就可以看见。敦煌莫高窟让斯坦因看到了东方文明的奇迹，他下决心要把这个奇迹的一部分奉送给支持他的英国主子，恨不得立即开始他的掠夺行为，但斯坦因却不敢轻举妄动。因为他看到了敦煌的善男信女们对石窟的崇拜，来来往往的人们，使他很难下手。

1907年5月21日，斯坦因见时机逐渐成熟，再一次来到莫高窟，在其附近安营扎寨，准备做长时期的停留。

斯坦因了解到王道士对唐僧玄奘充满了虔诚，便装作对唐玄奘非常了解、非常崇奉的样子。在王道士化缘归来不久，便对这位从外国来的唐玄奘的崇拜者失去了戒心，亲切地称斯坦因为“斯大人”。晚上，王道士便举着油灯，带斯坦因查看了发现经卷的地方，然后，又将经卷一捆捆地抱出来，供斯坦因细心“研究”。除经卷之外，斯坦因还看了大批古画。

为了进一步减消王道士的戒心，斯坦因对王道士说：“将来我要捐一笔功德钱给庙里，以用于对石窟的保护。”开始，王道士一方面惧怕这样有损他的名声，一方面又极想得到这些利益，犹疑不决之时，斯坦因此再三表露他对于佛教传说和唐玄奘的真诚信奉，最终斯坦因获得了成功。

半夜，王道士便让蒋师爷把第一天所选出的经卷和书画中的精品抱到了斯坦因的住所。之后，每天半夜如此，连续进行了七天。斯坦因把得到的一切装满了整整二十多只大木箱，趁无人注意，离开了敦煌，直到把它们全都安全地运到了英国伦敦的大不列颠博物馆之中。

1914年，斯坦因第二次来到敦煌，由于官府的追问，使王道士不敢再把经卷佛画等送给斯坦因了，这使斯坦因觉得极为遗憾。

回到英国之后，斯坦因便开始对从莫高窟劫掠的宝物进行研究。他最为欣赏的是一些佛教绘画，如：绣有佛之生活情景的古绢幡、绣有佛之出生事迹的绢幡、文殊菩萨绣像、南方天王广目天王绣像、北方天王多闻天王绣像、千手观音及其侍从之诸菩萨绣像、观音绣像、普贤及文殊之绣像、千手观音绣像、弥勒佛绣像、信女像、药食佛像等。斯坦因得意地说："我们觉得于佛洞石室秘藏的那些残画，居然保留了一个最好的机会给我们，这实在是一件可以庆贺的事。"

1907年夏天以后，斯坦因离开敦煌向西而去，继续他在丝绸古道上的盗宝工作。这期间，他的足迹到达了疏勒河流域、天山山脉、吐鲁番一带，盗挖了一些古城遗址，并从柏孜克里克石窟中盗走了一些珍贵文物。

斯坦因在中国境内的长期盗掘，使中国古代文化遗产大量外流。是因为斯坦因首先骗盗莫高窟经卷和佛画，促使法国、日本、俄国等相闻而继劫于后。1914年，俄国人奥尔登堡劫走一批经卷写本及第263窟的画。1924年，美国人华尔纳盗走了26幅珍贵的敦煌壁画，其中它括具有重大历史和艺术价值的第328窟盛唐彩塑跪式菩萨像。上述被劫走的敦煌文物目前分藏于12个国家的43处机构。敦煌文物蒙受了巨大的破坏和损失，而敦煌莫高窟所遭受的巨大浩劫正是近代中华民族愚昧、贫弱和任人宰割的近代史的缩影。

“南海一号”沉船之谜

为中国考古界瞩目的“南海一号”沉船在1987年被发现。当年8月，交通部广州救捞局和英国海洋探测打捞公司在广东台山川山群岛外搜寻一艘沉船时，意外地发现了一条载有中国瓷器的沉船，还捞起了一批沉船遗物，其中包括宋、元时期的200多件瓷器，还有一条罕见的镀金腰带。这艘沉船被命名为“南海一号”，经初步推断为南宋沉船，距今约700年至800年，当时可能是从广东出发的。

△ “南海一号”的发现

△ 南海一号 宋 哥窑碗

据了解，中国有悠久的航海史，航海大国的鼎盛时期在古代曾持续了近千年之久，以广东为起点的海上“陶瓷之路”（或称海上“丝绸之路”）是沟通东西方贸易的桥梁。据史料记载，鸦片战争以前有记载的、湮没在这条海道上的沉船事件就有一百多宗，沉船更是不计其数。广东是中国海岸线最长的省份，两千多年来的海上贸易长盛不衰，是海上丝路的起始点和必经之地，不仅沿岸有相关的文化遗存，海底的文物资源更是丰富，随着近年许多文物和古船不断被发现，广东沿海早已成为考古学界关注的“黄金海岸”。

“南海一号”之所以备受瞩目，是因为初步出水的这200多件文物显示，

△ 南海一号 梅子青划花茶具

△ 南海一号博物馆

此船对研究、复原中国从西汉到明清期间重要的对外贸易信道——“海上丝绸之路”的历史，以及中国的造船史、陶瓷史、航海史都具有极为重要的科学价值，它所蕴含的许多宝贵信息，是陆地考古望尘莫及的。

据悉，“南海一号”自20世纪80年代发现以来，曾一度与日本签署过打捞合作协议，但几度搁浅，事隔十多年以后，才再次提上议事日程，一方面是由于中方的技术原因，另一方面更由于考古资金的匮乏。

按照国家文物局的要求，2003年，中国组成的水下考古队在台山川山群岛海域，对“南海一号”沉船进行考古调查，揭开这个海底之谜。

但是，那次工作的重点是“南海一号”沉船遗址的定位及测量工作，没有做大规模的发掘，旨在全面掌握沉船遗址的范围、保存状况、遗址分布状况及受破坏的程度。因此，“南海一号”沉船遗址至今仍然是考古史上的一个未解之谜。神秘浩渺的南中国海域给考古人员留下了无限的探求空间，随着考古调查工作的进一步展开，南海海底究竟掩埋着多少动人故事？海上丝绸之路的真相又将怎样？将逐步得到破译。那么，在南海海域还会有南海二号、三号被陆续发现吗？人们期待着更多的“南海二号”、“南海三号”出现！

羊皮卷宝藏之谜

宛如一串晶莹璀璨的珍珠，星星点点地镶嵌在烟波浩渺的印度洋上，这便是被誉为人间“伊甸园”的海上绿洲——塞舌尔群岛。

塞舌尔群岛位于马达加斯加岛以北，由四十座花岗岩岛和八十座珊瑚岛组成。由于它地处亚非两大洲交通要冲，所以自古以来就受到探险者和冒险家的青睐。公元7世纪初，葡萄牙人来到塞舌尔群岛，随后英国人又来到此地。这里1756年为法国占领，1794年又被英国占领，1903年成为英辖属殖民地。直到1976年，塞舌尔才宣布独立，塞舌尔共和国成立，但仍留在英联邦内。

18世纪初，荒无人烟的塞舌尔岛对于外界的人们来说有着太多的空白，那里的珊瑚礁岛和花岗岩岛一切都还保持着原始的状态。岛上有大量的五彩缤纷的珊瑚，处处布满存在达两亿年之久的古老花岗岩。岛上椰海蕉林，遮天蔽日，这里以盛产椰子、肉桂皮、肉桂油和香草而闻名于世。

一、洞天福地

由于塞舌尔群岛远离大陆，独特的自然环境把它造就成举世无双的“天然动植物园”，其中普拉兰岛是世界上唯一保存海椰林的地方。海椰树可生存千年，雌雄异株，相依而生，经过七八年的漫长时间，才能结出成熟的海椰子，即“爱情果”。它不仅是上等的酿酒原料，又有治疗中风之效，因此被塞舌尔定为国宝。

然而，在1716年至1730年的十几年间，塞舌尔岛因其特殊的地理特征被法国海盗霍拉德及其他印度洋上的海盗当做路标后，这个长满了“爱情果”的小岛从此失去了浪漫气息。那些在欧洲和印度之间从事贸易的英国人、荷兰人以及葡萄牙人为之闻风丧胆，这个岛成了他们在印度洋上无法绕过的一

△ 美丽的塞舌尔群岛

块心病。

1731年7月17日下午，被捕后的法国海盗霍拉德拖着沉重的锁链被带到断头台下。望着眼前被海风吹得荡来荡去的绞索，在临别这个世界之前，他好像有话要说。当刽子手们往他脖子上套上绞索的最后时刻，霍拉德突然向蜂拥围观的人群中“哗啦”一下扔出一卷羊皮纸，并大声喊道：“有谁弄懂我的羊皮纸，谁就去找我的财宝吧！”

从那时到现在长达几百年里，这个小岛一直被“海盗宝藏”的迷雾所笼罩。霍拉德的羊皮纸成了世界各地寻宝者们最为瞩目的焦点，也成了他们前仆后继永不放弃的炫目天堂。

那么，霍拉德究竟是何等人物，为什么这卷断头台上扔出的羊皮纸至今还如至宝般珍藏在法国图书馆，为什么他所遗留下来的神秘图表被后人破译成无数种解释，为什么他的藏宝图能让一些人付出毕生的精力和时间穷追不舍，能让寻宝者几百年来如痴如醉，霍拉德到底掠夺了多少宝藏，他的宝藏又埋藏在哪里呢?

二、天生海盗

让我们先从霍拉德本人说起。17世纪，欧洲各国为了争夺海上霸权，明争暗斗，不惜使用“鼓励本国海盗袭击它国船只”的卑劣手段。表面上，海盗们接受皇室的“委任状”，实际却以执行“保护”商船的名义，在海上干着打劫非本国商船的勾当。1690年，霍拉德就出生于一个这样的海盗家族，可谓天生的海盗。

他的父亲年轻时曾被法国官方正式批准从事海盗行径，在加来海峡一带很有名气。霍拉德出生后，其父望子成龙，让他从小受到上层社会的良好教育，但霍拉德对所谓上流社会的优雅生活不屑一顾，对惊心动魄的海盗生涯却情有独钟。二十六岁那年，他同样得到法国官方批准的“委任状”，其活动范围是印度洋。

然而，不知当初出于何种原因，霍拉德夺得财宝之后，不但不履行与法国政府达成的协议，拒绝将战利品交给法国政府，而且很快和两个英国海盗勾结在一起，去袭击和抢夺来往的法国船只。这样一来，霍拉德便被法国政府宣布为国家的头号敌人。

“隼鹰”是一种凶猛的鹰，其喙（嘴）是一个巨大的钩状，用以撕裂猎物的肉；其眼呈球形，视网膜上有两个凹窝，分辨率为人类眼睛的八倍，听觉和移动能力极佳，能在空中或海面迅速、准确地捕捉猎物。霍拉德真的像“隼鹰”一样终日在印度洋上密切注视着洋面。每当有货船出现，霍拉德就驾驶着他那灵活敏捷的小船，架起他那几乎百发百中的大炮，飞快地追上前去，先是向货船开射侧舷炮，然后带领海盗们在烟雾弥漫中迅速冲上甲板。他们分工明确，各就各位，毛瑟枪手站在船头，其余人则站在甲板，在极短的时间内，就把所有值钱的藏宝和货物抢夺一空。货船上的人大半被他们捆绑起来当做人质，稍有反抗，不是顷刻间丧命于马刀之下，便是被一下扔进大海里。

霍拉德和他的英国伙伴每次都干得得心应手，屡战屡胜。最令这位“隼鹰”炫耀的一次战绩，是他和英国海盗们抢夺的一艘葡萄牙船。那是一艘拥有72个舱室的三桅帆船，上面装载的不仅有葡萄牙摄政王加冕时所佩戴的镶有珠宝的宝剑、用红绿宝石和钻石装饰的十字勋章，还有数箱金银珠宝和无数未经打磨的钻石，其总共价值约300亿旧法郎。

14年间，他们共劫夺了五吨黄金、600吨白银，还有不计其数的钻石等各类宝藏。

“隼鹰”毕竟是个文明人，也许他对那种整天在洋面上的“盘旋”感到疲惫，也许他想换一种生活方式。于是，1724年3月25日，霍拉德向伯尔宝岛当局递交了一份书面申请，表示想结束自己的海盗生涯，并请求政府赦免。

为了表示自己的诚意和对掠夺行为的道歉，他还附上了几件价值不菲的礼物，包括金质圣餐杯和钻石。但是法国人无法忘记这位“隼鹰”在此前犯下的罪孽，并表示绝不对其赦免，随后，霍拉德便消失了。

据说，他生命中最后五年时间可能隐藏在塞舌尔岛上，因为不论从任何角度考虑，塞舌尔岛都是海盗们藏身的首选之地。这不仅因为它的宁静、原始和美丽，最主要的是岛上有生存所必需的淡水、丰富的果实和遍地爬行的大海龟。海盗们到了岛上，不用费任何事，就可以随时美餐。同时，那茂密的、无边无际的原始森林，也可为海盗们维修损伤的舰船提供必需的木材。

有人推测，也就是在几年间，霍拉德劫来的成吨的黄金和财宝被他用各种方式匿藏于从塞舌尔群岛到马达加斯加海岛的印度洋海区。至于那些藏宝人，则被他以各种手段杀人灭口。

1730年12月，可能霍拉德实在无法忍受那种与世隔绝的荒岛生涯，一个偶然的场合，他在安东吉尔海湾出现，随即被捕并被处以极刑。

3.引人遐想的羊皮卷

霍拉德被绞死前留下的那卷羊皮纸，上面是一封密码信构成的藏宝图，画有17排古怪稀奇的图样，每个图样代表一个密码。霍拉德自幼到青年时代都一直受到良好的教育，才华横溢，知识渊博。这使得他在绘制藏宝图时采用了希腊文化中的隐喻作为标记，这可不是一般盗匪想象得出来的，这也使他的藏宝图看上去像天书一样晦涩难解。

霍拉德写在羊皮纸上的藏宝图如今珍藏在法国国家图书馆里。人人都明白，谁能把它破译出来，就能得到那笔巨大的财富。以至在随后的二百多年间，来自世界不同地区的人们前赴后继，试图寻找霍拉德隐埋的财宝。但无奈他的图表是以一种复杂难解的密码记录，只有当人们破译了源于希腊神话的那12种符号之后，才有可能找到打开这座金库的钥匙。寻宝的热情一直持续到19世纪，在一次次绝望之后，他的传说几乎已被人们遗忘殆尽。

直到1920年，塞舌尔群岛上的萨维家族的一位老妇人才又重新想起"隼鹰"来，这归功于一次才意外地发现。一天，夏尔·萨维女士在沙滩上散步时发现几块岩石形状怪异，仿佛固定在沙堆里的柱子，潮落时便显露出来，涨潮时又被海水淹没。萨维家族对此事极为敏感，并很快在此处发现了几具人类骸骨。骸骨的附近藏有当时常被海盗用做装饰品的耳环。在尸体不远处，萨维家族幸运地找到了霍拉德密码藏宝图的副本。但萨维家族的人并非什么名门望族：一是没有寻宝所需的资金；二是也觉得无法破解这个地图中图表和密码义所隐含的意义，不得不放弃寻找。

1949年，萨维女士结识了来自非洲东部肯尼亚的英国人可鲁斯·维尔金斯。此人当时38岁，是个冒险家和珠宝鉴定家。他来马埃原本是为治疗自己的疟疾，无聊之际为了打发时间，躺在床上听萨维讲霍拉德羊皮纸的故事，立刻被这个故事所吸引，当场宣布自己的病已完全好了，要马上开始"工作"。

随后，萨维女士向他介绍了石头标记，其中有两块引起了他的兴趣：一个标记是带有开缝翼的苍蝇，这是一个很特殊的细节，因为在密码文中有一个拉丁语单词也是苍蝇的意思；另外一个标记是一个洞穴的图案，这在霍拉德的图表中也频频出现。因此，可鲁斯·维尔金斯认为它是找到马埃西北部宝藏的极有价值的提示。

经过一段深入研究后，可鲁斯·维尔金斯带着从萨维女士那里得来的霍拉德文件的复印件返回了东非，到达内罗毕之后，他便立即着手"翻译"这些陌生的文字。其间，他参阅了大量神话书籍、古老的星图以及17世纪的德语和法语辞书。经过半年的悉心研究，他自己觉得终于掌握了这些神秘文字中所蕴含的秘密。

首先，他发现了各种不同的数字所代表的意义，它们是表明航海的经纬度以及航程长短的定向指示；其次，他成功地破译出了羊皮纸卷上的所有文字，随之又找到了原文与天文学以及希腊神话间的联系。

可鲁斯·维尔金斯坚信，他通过将天文学和古代神话联系起来，破解了二百多年来未被破解的霍拉德宝藏之谜。他相信，当所有的密码被揭开之后，他就可以找到打开霍拉德宝藏的有力证据。

四、不懈的寻宝之旅

经过多年的准备之后，可鲁斯·维尔金斯终于起，向飘扬着绘有霍拉德头像旗帜的塞舌尔岛的马埃进发，开始了具体的寻宝工作。

很快，他们在岛上一个地下的岩石上找到了两个高2.5厘米的字母，这在霍拉德所遗留的文字中也出现过。因此，可鲁斯·维尔金斯相信，他寻宝方式的思路是正确的。终于，可鲁斯·维尔金斯发现了一块石头，尽管这石头在风力的作用下已经变得十分光滑、平坦，但上面罗盘指南针的图形依稀可辨。可鲁斯·维尔金斯认为，这就是霍拉德做图表和地图的地方，找到宝藏埋藏地所需的一切说明似乎都是以此地为基准点。

不久，可鲁斯·维尔金斯以罗盘石为基准点做了一次重要的测量，用绳索量出它距两块石头之间的距离是630米。他所破译的图表说明中也有“630”这个数字。在他看来，这个数字是给他指出了一个秘密的通道，到达所谓的“高水位线”后面四米处的沙滩上。于是赶紧命令工人们日夜不停地挖掘，并找到了一个用来抵挡汹涌的海浪侵袭的水坝。

在水坝这个至关重要的地带地下一米多深处，他们找到了一个女人的石塑像。石塑像长2.4米，双臂俱无，仰卧在地上。可鲁斯·维尔金斯断定，这就是安德洛墨达。因为在藏宝图上，他曾多次看到安德洛墨达的塑像与霍拉德所记载文字的前几行之间的联系。

不仅如此，他还首次认清了霍拉德的说明中各个地名之间的联系。这时所有参加挖掘的人都坚信，离宝藏已经很近了。

很快，人们在挖掘的水泥岩石层再次找到雕刻图案。这个图案在霍拉德的文字里同样有所涉及。岩石上雕刻着一只羊和一把土耳其军刀，两者在密码文的“伊阿宋取金羊毛”的章节里也有所显现。可鲁斯·维尔金斯认为，土耳其军刀即帕耳修斯解救安德洛墨达时所使用的武器，羊角则代指白羊座，随即他们又挖出了像一条船开关的一块岩石。可鲁斯·维尔金斯激动地叫道：“伊阿宋所乘的轮船‘阿尔戈’找到了。”

然而，关键时刻，由于涨潮，挖掘地点的水位越来越高，从南非定购的水泵却又迟迟没有运来，他们不得不停止挖掘，转移到位于贝尔·翁布雷南部边界的一个小丘陵继续挖掘。很快，他们在那里的地下发现了大量的、散乱的骨骼。在骨骼的下面，挖掘小组又找到了一面光滑的石片，难道这就是通往那个藏宝洞穴的入口吗?

可鲁斯·维尔金斯想探个究竟，因此采用了炸药。工人们费了很大的力气，但除了炸开一个洞穴之外一无所获。

面对着一次又一次失败，好多人心灰意冷，然而可鲁斯·维尔金斯并不气馁，就这样日复一日地挖着……

在多年的挖掘实践中，可鲁斯·维尔金斯越来越清楚地认识到，总共有十二项艰难的任务等待他来完成，正如古代传说中完成了十二项英雄事迹的海格力斯。

可鲁斯·维尔金斯又花了5年的时间，在发掘物的指示下，他找到了许多骨骸，一只公羊的瓷塑，一个在密码文中被着重提及的油瓮，上面刻有数码39，一把已生锈的17世纪的手枪，各种器皿以及刻有字母文字的岩石。这些字母文字和霍拉德的密码文中的一些条文大致相符。

似乎每一块发掘物都能给下一步的寻找提供线索，但他们不得不面临着一个最现实的问题：钱要花光了。在5年的持久战中，可鲁斯·维尔金斯必须要不停地支付工人的报酬，购买水泵、仪器和炸药等各种所需物品，现在他面临着弹尽粮绝的状况，不得不暂时停止工作。

于是，可鲁斯·维尔金斯去肯尼亚筹集新的资金。他在内罗毕和蒙巴萨做了几场报告，并把从马埃带回的发掘物展示给人们看，不久便获得了一些人的资金支持。

带着这些钱，他又返回到马埃，并重新雇人再次不停地挖掘，不停地拿来羊皮纸反复对照着。

数年之后，他终于将象征海格力斯英雄业绩的指示物统统挖掘出来。在离安德洛墨达的塑像12米的地方，他找到了一头公牛的两只牛角，也就是海格力斯与之搏杀的克里特岛公牛。随后，他又在海滩上发现了三条地下河道，它们在到达入海口之前的某处汇合在了一起。在同样一个地方，他还发现了一块石头，石头上有三个高脚杯的图案，他认为这代指海格力斯在完成其第十一项业绩，即去摘由龙看管的赫斯柏利提斯的金苹果时要克服的困难。

最后遗留下来的便是密码文中的第十二项业绩，现在的关键是要找出一个象征第十二项英雄业绩的物体。

工人们已经有点急不可待，他们炸开了许多石头，依据一切可能的线索在地下洞穴里不停地探索。但由于几百年的风化侵蚀，石块上只有四个图形依稀可辨。在霍拉德的密码文中，却没有发现任何通往藏宝洞穴的入口。

打眼锤和甘油炸药的使用也变得越来越困难和危险，稍有不慎，炸药包使用不当，就会使洞穴上方的岩石倒塌，造成前功尽弃。就这样，他们好像一些眼前永远摇晃着骨头的而又不停追逐的猎狗，财宝好像就在眼前，但又永远无法弄到手里……

五、无功而返

随着一次次的一无所获，所有的人都开始感到厌倦了，大部分工人离开了这里。

1970年，随着科技探测技术的不断提高，一个质子地磁仪探测出地下十米处有一个重16千克的金属沉淀物。这一地点恰好是可鲁斯·维尔金斯所预测的海盗宝藏埋藏地的下面。为此，在马埃的一家公司为可鲁斯·维尔金斯寻宝提供了短期的挖土机和推土机。其结果令所有人大失所望，挖掘出来的东西是一堆真正的废铜烂铁。

随后，东非的股东也停止了资金援助。这是二十多年来，这位冒险家所遭遇的最为沉重的一次打击。不要忘了，此时，当年那个踌躇满志的年轻人在漫长的寻宝过程中，已变成了白发苍苍的老人。

可鲁斯·维尔金斯带着他毕生积蓄已经在塞舌尔岛上待了整整28年。他对羊皮纸上的17排图样也终于破译了16排密码，只是对其中第12排图样却无法找到答案。

然而可鲁斯·维尔金斯依然毫不放弃，继续坚持了下来，并不顾年老体衰，更加忘我地工作。他的梦想是一定要在有生之年破解霍拉德的第12排图样。1977年，这位寻宝者带着终生的遗憾因病去世。

也许他的儿子也懂得我们中国的愚公移山的典故，无论如何，起码具备了愚公移山的精神。可鲁斯·维尔金斯死后，在一位美国富翁的资助下，他的儿子约翰来到马埃继续了他父亲的寻宝事业，并打算不找到宝藏绝不罢休。

几年之后，约翰·可鲁斯·维尔金斯从岩石里挖出了一个很深的迷宫，又发现了一条用古代的水泥填平的岩石缝隙。在这个迷宫似的岩洞过道里他又发现了许多标记，他认为这是霍拉德当年为避免迷路而刻在岩石上的标记。遗憾的是，像他的父亲一样，他的寻宝也没有取得明显的进展。

后来塞舌尔岛又陆续来了一些美国人和德国人，但他们同样空手而归……

当然，这并不是说霍拉德珍宝只是海市蜃楼。法国“寻找藏宝国际俱乐部”掌握着另一份与霍拉德宝藏有关的材料，包括一份遗嘱、三封信件及两份说明书，它属于掌握霍拉德藏宝秘密的另一个海盗贝·德莱斯坦。

西潘王墓室宝藏之谜

△ 西潘王墓室以巨额的金银陪葬品

秘鲁是南美文明古国，境内古文化遗址密布。在秘鲁发现的伟大遗迹有很多，比如说马丘比丘。但是绝大多数遗址都没有宝藏遗留：一方面是因为当时的殖民宗主国西班牙在秘鲁境内翻得底朝天，大部分财宝都被掠夺走了；另一方面，秘鲁民间盗窃文物的现象极为猖獗，当地人只要发现文物马上就一哄而上，一抢而光。

西潘王墓室其实就是被盗墓者发现的。1987年前后，国际文物黑市上频频出现显然是来自秘鲁，但是绝对不属于印加文明的文物。敏感的考古学家阿尔瓦博士意识到这些独特的文物表明很可能又有一个重要遗迹被盗了。他和助手火速赶到秘鲁北部奇科拉约附近，一边询问一边搜寻，终于在1988年发现了西潘王墓室。西潘王墓隐藏在一个山谷里，位置很隐秘，周围没有任何显著标志，几乎可以说是很卑微，这成为它一直没有被打扰的原因。墓的入口已经被盗墓者打开，整个墓由大小几十个墓室组成，豪华的墓室和丰富的陪葬品让阿尔瓦博士目瞪口呆。

为了继续保护文物不被盗窃，阿尔瓦博士固执地坚持住在墓里，守住入口直到秘鲁国家文物局的官员到达。当地的农民憎恨阿尔瓦断了他们的财路，在洞口威胁说要把他杀死。幸运的是，文物最终被保护。在之后的挖掘工作中，阿尔瓦博士挖到了密封的、从未被进入的西潘王主墓室，他因此也成为世界考古史上的明星。

△ 从西潘王墓室出土的面具

西潘王是古代莫切人的一位帝王。莫切人生活在公元100年到700年之间，后来被印加人征服。一直以来，印加文明是秘鲁古代文明的中心，很难想象在莫切人的古迹中却发现了令印加文物都黯然失色的宝贝。

西潘王的墓室里摆满了琳琅满目的陪葬品，西潘王的尸骨放在墓室的最中间，他的手中抓着一个重达0.5公斤、纯金制成的小铲子。他的头上和前胸覆盖着华丽的金制面具，他手臂的骨骼上挂满精美的首饰，就连他的尸体周围都堆满了数不清的首饰和工艺品。西潘王似乎想把生前收集到的所有财富都带到来生的世界里去。这些还不算，最夸张的是，西潘王的四周有几十具陪葬者的尸体，他们中有年轻的女人、侍卫、仆人，而这些人的尸体上无一不是堆满了金银制成的首饰。整个墓穴中，死者的骸骨只是点缀在一堆金银珠宝中的星星白色。阿尔瓦博士坦言：“之前在文物黑市上看到的东西简直没法和西潘王墓室中的发现相比，如果盗墓者先发现主墓室，那么后果不堪设想。”

西潘王墓室的发现是整个西半球最辉煌的墓葬文物发现，被喻为新大陆的“图特卡蒙墓”。现在所有的金银首饰和工艺品都被当地博物馆保管。

“琥珀屋”神秘失踪之谜

18世纪初，以追求豪华生活而著称的普鲁士国王腓特烈一世心血来潮，异想天开，建造了被他称为世界第八奇观的琥珀屋。

“琥珀屋”面积约55平方米，共有12块护壁镶板和12个柱脚，全都由当时比黄金还贵12倍的琥珀制成，总重至少达6吨，“琥珀屋”同时还饰以钻石、宝石和银箔，可以随意拼装成各种形状，建成后光彩夺目、富丽堂皇，被誉为“世界第八奇迹”。1716年，普鲁士国王为与俄国结盟，就将这件稀世珍品赠送给了俄彼得大帝。然而1941年，纳粹德军攻入圣彼得堡，将王宫中的“琥珀屋”拆卸了下来，装满27个箱子运回了德国柯尼斯堡。二战结束后，“琥珀屋”从此下落不明，从世人眼中神秘失踪了。

一些历史学家相信，“琥珀屋”被纳粹藏了起来，纳粹德军显然梦想在击败盟军后，再重新起出这些财宝。然而近些年来，越来越多的历史专家和寻宝猎人们都相信，纳粹可能将从圣彼得堡劫掠来的财宝——包括27箱被拆整为零的“琥珀屋”，全都沉到了奥地利中部的托普利茨湖底！

据悉，来自美国“全球探险公司”的探险家们早就对柏林档案馆中的纳粹历史文献进行了广泛研究，并从中发现奥地利托普利茨湖是最可能的纳粹藏宝湖。

美国探险者还找到了一些当年的目击者记录，根据当时的目击记录，1945年5月，纳粹余孽曾经将成车成车的沉重箱子沉入了托普利茨湖底。目击者对这些箱子的描述，完全和那些装着“琥珀屋”的板条箱相符。

消息来源称，一些探险家已经潜入到托普利茨湖底，并且发现了一个巨大的刻着俄罗斯文字的板条箱，还有未经证实的谣传称，探险者们已经在湖底找到了被称做“世界第八奇迹”的“琥珀屋”！

△ 金壁辉煌的琥珀屋

然而美国“寻宝猎人”们却对他们发现了什么守口如瓶，一名发言人说：“我们不准备详细讨论我们的研究结果，我们所做的就是将各种研究结合起来，并得出一个非常可信的结论，那儿到底隐藏着什么。在二战期间，托普利茨湖周围曾被纳粹列为一个高级机密地区，纳粹这样做显然有某种原因。”

据悉，根据合同，美国探险队如果寻到宝藏，财宝将由美国和奥地利两国分得。而且，在过去的几十年中，托普利茨湖就一直和纳粹宝藏联系在一起，并且吸引了众多寻宝猎人、历史学家和对纳粹宝藏感兴趣的人光临。托普利茨湖超过1英里长，深103米。在二战发生后，希特勒的军队曾将该湖用于秘密的水底炸弹和水下火箭实验，但二战末期，预感末日来临的纳粹德军又将许多他们想藏匿的东西都投弃到了托普利茨湖底。

谣传称，包括“琥珀屋”和成吨金条在内的纳粹宝藏，都被纳粹士兵沉入了托普利茨湖中，当时一些当地人都被纳粹雇作劳力，用来运输这些沉重的大箱子。

二战后，奥地利政府对到托普利茨湖私自潜水发布了禁令，任何人未获政府特别许可，禁止再到湖中潜水探险。一些获得授权潜入湖底的探险者们并没有发现纳粹宝藏，只不过找到了一些战争遗物，譬如一些英镑假币，纳粹曾试图用这些假币来扰乱英国的经济；官方潜水者还找到了一些假邮票、炸药、武器和其他纪念物。根据一个科学研究小组的发现，在托普利茨湖底还生存着一种不需氧气就能存活的未知蠕虫。

然而，奥地利当地政府承认，许多“寻宝猎人”经常偷偷潜入湖底，梦想着寻到纳粹宝藏，他们无法说出托普利茨湖到底发生过多少次非官方潜水寻宝行动。但有一点可以肯定的是，许多寻宝者都为这些财宝送出了性命。

在1945年和1950年，曾在一个秘密“纳粹研究站”工作的两名前雇员悄悄返回托普利茨湖，然而他们却死在了一场神秘的登山事故中。据当地人称，这两人横死前不久，曾在该地区进行过挖掘。

1947年，一名美国海军潜水员在托普利茨湖里进行搜索时，身陷水中的沉木之中活活淹死。1955年，一名德国人又神秘地死在了托普利茨湖边，当地人称他也是一名“寻宝猎人”。至今，都还无人揭开这个谜。

“古老山顶”的宝藏之谜

“马丘比克丘”在土著印第安人语言中意即“古老山顶”。相传当年印第安人为对抗皮萨罗的血腥掠夺，将1575万磅黄金埋藏在一座隐匿于安第斯山深山幽谷里的城堡附近。后来西班牙人以及三百多年来不少探险队，都曾在群峰密林之中寻找过这座“古老山顶”上的城堡和这批失踪的黄金，但不是徒劳往返，便是一去不复返，始终没有发现任何踪迹。悲观者在失望之余干脆声称，根本不存在什么“马丘比克丘”。然而，1911年6月美国耶鲁大学研究拉丁美洲历史的年轻助教海勒姆·亚·宾厄姆却发现了这座失踪400年之久的古城。

当年，宾厄姆骑着骡子跋涉在安第斯山的羊肠小道上。一次，他投宿在乌鲁班巴河畔的一家客店里，店主无意间告诉他马丘比克丘山中有一座废墟，这使他兴奋不已。第二天清晨，他在店主的带领下披荆斩棘，终于登上了山顶。他率领考察队经过一年的发掘整理，使云雾古城马丘比克丘终于露出了真面目，成为当今世界上最重要的名胜古迹之一。马丘比克丘城建在云雾缭绕的安第斯山脉一座海拔2458米的山顶上，它位于库斯科西北122公里处，地势十分险要。四周被崇山峻岭、悬崖峭壁包围。这座古城全部建筑均用巨大的花岗石砌成，石块之间不用黏合灰浆，全靠工具把它们镶嵌起来。城堡三面是深沟，只有一个城门供进出。城内有神殿，神殿中央是一圣坛，很可能是安放印加帝国最受尊敬的人的木乃伊的。此外还有雄伟的庙宇、华丽的宫殿、坚固的堡垒、整齐的作坊、错落有致的房舍、弯曲的石梯。城墙是由重达20吨的巨石砌成的，圣坛是用重达100吨的花岗石板筑起来的，整个城堡可供二千余人居住。

宾厄姆经过实地考证后认为：马丘比克丘是印加传说中的圣城，是印加

△ 马丘比丘

文明的摇篮，相传它是古代阿摩达王朝的根据地。13世纪初，该城堡出现一个印加王曼科·卡帕克，自诩为太阳的儿子，从此开始了印加帝国长达三百多年的统治。曼科·卡帕克一世从马丘比克丘出发，开始了向安第斯山脉的远征，后来占领了旧城库斯科。随着他地位的巩固和疆域的扩大，他便在“发祥”之地大兴土木，建筑了马丘比克丘大石墙垣。后来，卡帕克一世的王位传到第三代图帕克·阿马鲁手中。1572年他在与西班牙人作战中阵亡，印加帝国就此覆灭，马丘比克丘也就湮没无闻了，至于藏在它附近的印加金宝更是谜中之谜了。有谁知道这些金宝藏在何地呢？据史学家分析，1535年西班牙殖民特使鲁伊·迪亚曾与最后一个印加皇帝谈判，皇帝叫人拿来一碗玉米粒，他把它们倒在地上，捡起一粒给迪亚，象征着西班牙人拿走的印加黄金。他又指着地上的玉米对迪亚说：“这就是印加人留下来的黄金。我可以把这些都给您，只要您保证完全离开印加帝国。”但由于西班牙人的贪婪，这笔交易并未做成。只不过从这个历史插曲中使人感到，这位印加末代皇帝是知道印加金宝的主要隐藏之地的。但随着他的死亡，很难知道还有何人也掌握印加宝藏的秘密。

转眼又过了40年，到了20世纪80年代，鲁滨孙·克鲁索岛上的一场瓢泼大雨再次点燃起寻宝者热情的火焰。原来，大雨在岛上造成了泥石流，雨过天晴之后，有人在山谷中意外发现了裸露在外的好多银条和少数几粒红宝石。于是，人们立刻联想到是大雨把安逊当年埋藏的宝藏从高处冲刷出来又散落在山谷里，这个消息没几天就像长了翅膀。随即，大批的寻宝者再次来到这个小岛，但是他们又一次失望而归。

10年之后，一位荷兰裔的美国人贝尔纳得·凯泽不知怎么对安逊当年埋藏的黄金产生了强烈的兴趣。他从岛上唯一的一家名叫“阿尔达·丹尼尔·笛福”的旅店老板娘那里获得了有关“安逊黄金”的信息，便立即开始了搜寻工作，并自称找到了那个当年埋宝的深达7米的藏宝洞的确切地点。

智利政府有关部门得知这个消息后立即声明，这个岛属于智利领土，没有智利政府批准任何人不得私自挖掘宝藏。随后，他们和这个美国人开始了艰难的谈判，最后双方达成协议：假如他找到那846箱黄金，必须把所得宝藏的75%归智利政府及鲁滨孙·克鲁索岛上的居民，剩余的25%归他自己所有。

贝尔纳得·凯泽的挖掘小组开始寻宝，他们用小型推土机等现代化挖掘工具在山顶上昼夜不停地开始挖掘，但地下除了石头还是石头，最后只好宣布放弃，智利政府等待的利润分成也泡了汤。

当然，这个美国人走了，并不等于别的寻宝者不来。可以确信，在以后的岁月中，只要传说中安逊的那846箱黄金不见天日，鲁滨孙·克鲁索岛就永远无法安静。

鲁滨孙岛上的846箱黄金在哪里

从1940年开始，鲁滨孙·克鲁索岛突然变得热闹起来，一批又一批寻宝者带着大量的古代文献资料和现代化的开采工具纷纷来到这个小岛，开始在岛上各处日夜不停地挖掘。

他们在寻找什么呢?

原来，有人根据古代史料发现，二百多年前，英国海盗安逊曾在这个小岛埋藏下846箱黄金和大量的宝藏。

乔治·安逊是位被英国女王加封的勋爵，但他同时又是一个声名显赫的海盗。1774年，英国海军部委托这名海盗去掠夺非洲南部西班牙帆船和殖民地上的财物。他所率领的中型舰队由8艘作战能力很强的舰船组成，这支海盗队伍曾令所有过往的西班牙商船闻风丧胆。

当年，安逊就是把鲁滨孙·克鲁索岛作为他的大本营和避难所，他们每次对西班牙船只实施抢掠，都是从鲁滨孙·克鲁索岛出发。

安逊船长最为成功的一次胜仗，是对西班牙运宝商船的一次抢掠。据说，他那次共抢得846箱黄金和宝石，每箱重1300公斤，总价值高达100亿美元，属于历代以来最为巨大的一笔海盗财宝。

西班牙当局决心追回这一大批黄金。于是他们当即派出一艘军舰，在太平洋洋面上对安逊船长驾驶的“乌尼科尼奥”号帆船穷追不舍。但安逊决非等闲之辈，作为世界上著名的航海家，此人有着丰富的航海和战斗经验。西班牙当局对其战舰的命令是“不把抢走的黄金追回来，不惩罚安逊，决不罢休”。于是，双方在海上开始了一次又一次的较量。有两次，西班牙军舰就像猎狗一样眼看就要咬住安逊的帆船，都被他又奇迹般地甩掉了。当然，安逊的帆船毕竟不是西班牙战舰的对手，加之他的船上装载着1100吨的黄金，

△ 鲁滨孙·克鲁索岛

负载太重，航行起来就不够灵活。他自己十分清楚这样和西班牙军舰追逐，早晚要被吃掉。于是，便命令部下神不知鬼不觉地撤回到鲁滨孙·克鲁索岛的一个平时熟悉的海湾里悄悄隐藏起来。

根据西班牙档案史料记载，安逊的帆船只在这个小海湾度过了一个平静的夜晚，第二天清晨，船员们就发现了跟踪追来的西班牙军舰。

安逊随着船员的惊叫声来到甲板上，从望远镜里，他清楚地看到前方出现了一艘很大的舰船，船的桅杆很高，船舷上装有一排威力强大的大炮。毫无疑问，西班牙军舰已追随他们来到鲁滨孙·克鲁索岛海湾。

此时，安逊的帆船由于满载着1100吨黄金而根本无法远行。尽管他也希望不会被西班牙人发现，但这只是一相情愿，而一旦被发现，他们就不可能从西班牙战舰的大炮下逃脱。

最终，他打定主意，把这批黄金转移到鲁滨孙·克鲁索岛上。

于是，他们放下小船，海盗们把装满首饰和金银珠宝的箱子和桶从大船的舱室里运出，借助于从舷墙上放下的踏板绳梯，把箱子和桶卸载到小船上。渐渐地，满载着黄金和宝石的小船驶离了大船的背风处，奋力向小岛划去。登岸后，海盗们抬着全部用铁圈箍住的沉重的大箱子和木桶，进入了热带灌木丛中。有人在前面用大刀开路，一连数小时，他们在热带原始丛林中艰难地行进，这支队伍在岛上前进唯一依赖的指南是安逊在岛上逗留时绘制出的一张地图。

当夜幕降临后，他们点燃起火把，继续在密林中艰难地前进着。终于，他们爬上了岛上的一座一百七十多米的高山。安逊在山顶找到了一个自以为十分可靠的地方，他谨慎地巡视了周围的环境后，发现了一个适合藏宝的地点，并下令把宝藏埋藏在那里。随后，海盗们便开始拼命地挖掘。他们用了整整一夜的时间，终于挖出了一个上下垂直达7米深的洞穴。安逊再次仔细观察了一下洞穴周围的环境，详细记下了途中仔细观察过的各种地形地貌特征，把它们一一记录在羊皮纸上。直到他相信以后一旦时机成熟来到了这个小岛，借助他现在所画的藏宝图的指引，肯定能找到这个秘密地点之后，才命令海盗们吃力地把那些沉重的箱子和桶挪到洞穴边，然后借助干厚木板和绳索将它们放入了洞穴。随后又在上面覆盖上石头和一层厚厚的泥土，最后在上面用杂草把他们藏宝的痕迹彻底消除干净。

当这一切都做好时，天刚蒙蒙亮。看着阴暗的天空，安逊知道上午肯定会下一场大雨，到那时雨水会冲刷一切痕迹。假如不带着安逊的这张藏宝图，任何人都无法找到这个藏宝的地点。

时来运转，由于安逊的“战绩”显赫，这位大名鼎鼎的海盗后来被英国女王收封为勋爵，从此飞黄腾达。可是以这么冠冕堂皇的身份，安逊只能总是玩味着他那张当年画下的藏宝图，却再没有机会到鲁滨孙·克鲁索岛来寻找那批黄金了。而除了他之外，别的任何人又不可能找到那批黄金和宝石。

在他将那批黄金和宝石埋藏在鲁滨孙·克鲁索岛上200年之后，1940年，这个小岛开始变得热闹起来，一批又一批各种身份的寻宝者带着不知从哪得来的大量的文献和史料纷纷来到鲁滨孙·克鲁索岛，开始搜寻那里的每一寸土地，日夜不停地挖掘。然而，经过几年折腾之后，这些人全都两手空空地离开。

沙皇500吨黄金之谜

△ 贝加尔湖底惊现疑似沙皇宝藏

俄国“十月革命”胜利之后，1919年11月13日，沙俄海军上将阿历克赛·瓦西里维奇·哥萨克率领一支部队，护送着一列28节车厢的装甲列车，从鄂木斯克沿西伯利亚大铁路向中国东北边境撤退，就在这趟戒备森严的列车上装载着沙皇的500吨黄金。这批黄金都是沙皇从民间搜刮来的民脂民膏。这支人马经过3个月的艰难跋涉，来到了贝加尔湖的湖畔，由于饥寒交迫，有许多人死去了。哥萨克将军发现铁路已被彻底破坏了，无法通行，只好命令部队改乘雪橇穿过贝加尔湖去中国边境。

冰面上积了厚厚的雪，在刺入肌骨的暴风雪之中，500吨黄金装上了雪橇，在武装人员的押送下，在80公里宽的湖面上，像蜗牛一样边扫着积雪边前进。到了1920年3月初，贝加尔湖面上的冰突然出现了一道大裂缝。据说，哥萨克的所有部队和500吨黄金全都沉入水深一百多米的湖底。

事情过去18年之后，有一个生活在美国的沙俄军官斯拉夫·贝克达诺夫公开了身份，并对人讲：“沙皇的这批财宝并没有沉入贝加尔湖，早在大部队抵达伊尔库茨克之前就已经被转移走，并且早已被秘密埋藏了起来。因为当时的形势已很明朗了，大部队不可能撤退到满洲，不论从哪个方面来考虑，最好的做法就是把这笔黄金秘密埋在一个地方。当时我跟一个名叫德兰柯维奇的军官奉命负责指挥了这次埋藏黄金的行动。我俩带上45个士兵，把黄金转移出来之后，就把它们埋在了一座已倒塌的教堂的地下室里。这事办完之后，我们把这45名士兵带到一个采石场上，我和德兰柯维奇用机枪把他们统统枪决了。在返回的路上，我发现德兰柯维奇想暗算我，于是，我抢先一步掏出手枪把他打死了。这46个人的死亡根本不会引起注意，因为当时每天都要失踪一百多人。就这样，我成了现在唯一掌握沙皇金宝秘密的知情人。”

△ 潜水艇下水探宝

1959年，贝克达诺夫曾利用一次大赦的机会返回苏联，并在马格尼托哥尔斯克碰上了在美国加利福尼亚时认识的美国工程师。此人始终没有透露真实姓名，他只用假名，叫约翰·史密斯。史密斯了解贝克达诺夫的情况，建议他共同去当年埋藏沙皇金宝的地方。于是他们在一个名叫达妮娅的年轻姑娘陪伴下，一起找到了在离西伯利亚大铁路3公里处的原教堂地下室里仍然完整无损的沙皇金宝。他们只取走了部分黄金。随后，当他们开着吉普车，正要通过格鲁吉亚闯过边境时，突然一阵密集的子弹扫来，在弹雨之中，贝克达诺夫被当场打死，而史密斯和达妮娅则扔下车子和黄金，惊恐万分地逃出了苏联。

如今，这批沙皇金宝的线索又断了。假如500吨黄金确实没有沉入贝加尔湖底，但要找到它，还需要史密斯或达妮娅出来证实才能揭开谜底。

古城迈锡尼的神话与宝藏

喜欢神话和宝藏的人，一定会喜欢位于希腊南岛伯罗奔尼斯东北部的古城迈锡尼。根据公元前8世纪希腊著名诗人荷马史诗里的记载，那里有许多神话故事和宝藏，以及良好的建筑屋。

据荷马的史诗记载，这城是宙斯的儿子伯西斯发现的。伯西斯也是神话里的英勇战士，他曾切断那头上长满了毒蛇的女魔马都沙的头。

迈锡尼古城的发现，要归功于德国商人苏力曼对《荷马史诗》记载的执著，他深信迈锡尼这地方有大量的宝藏。当苏力曼经商暴富后，他就来到了迈锡尼，认真地去开辟和追随这神秘的地方和他向往的梦。他在1874年开始开掘，结果两年后，他真的发掘了一个埋藏的旧界，发现了许多墓地和石头城堡，又发现了阿迦曼农王的金面罩，成为当时有名气的考古学家。

当苏力曼沿着一条壮观和长达40米的石头走廊前进，来到了一个由两片巨石板铺成的门楣。其中的一块石板有9米之长，大概118吨重，经过了这道门，进入了一个很特别的洞窟。洞窟的设计是一个呈蜂窝型圆顶的石头建筑。但是，整个蜂窝建筑没有用一块小石或水泥接合，由此可见那公元前16世纪迈锡尼时代高超的建筑技术。

苏力曼本以为这座宝库是迈锡尼国王阿迦曼农王的古墓，所以又把这黑暗坚固的石墓叫做阿迦曼农墓。阿迦曼农王就是荷马史诗里讨伐特洛依国的幕后英雄。这座特殊石墓是迈锡尼保存最完整的建筑，而且是较早期的皇族墓地。

沿着石路北行，就看见了很多巨石围墙，围墙组成一个很大的城堡，靠门处有一组圆形的贵族古墓，现已成为废墟。城堡的门上面，有两头狮子面对面支撑着一条柱子的石板雕，非常有趣，考古学家认为那是象征皇族权势

△ 迈锡尼遗址

的门饰。

在城堡内不远处，有另一组皇家贵族的墓井。墓井共有6个，又有另外一层石墙保护着，整组呈圆形。苏力曼深信这6个墓井是阿迦曼农王和他的随从的墓。当他打开第一个石墓时，他发现了一个紧戴在尸体脸上设计精致的金面具。他又发现了共有13公斤重的金饰和用具物件。后来考古学家鉴定那些出土尸体、面具和物品比阿迦曼农王早了300年，推翻了苏力曼深信是“阿迦曼农王石墓和他的金面具”之说。

城堡内除了皇族墓地，还有皇室的宫殿、楼阁，冠冕厅和居所，城堡靠高山处，还有水槽建筑。东面有商人的住宅，苏力曼在此发现了一些陶器、香油料的容器。从这些出土物品，可见迈锡尼古城当时是一个商人、政要和皇家贵族占领的有权力而且富有的城市。

苏力曼发现的金面具、金盒、金盘、金容器、金制的儿童葬衣和面具、饰物、金丝条和种种刀剑，已离开那神秘的迈锡尼古墓，在雅典的国家考古博物馆展出。

但那神秘的迈锡尼古城废墟，还依然充满了神话和魅力，向游客频频招手，待发现者再发现它的宝藏和秘密。

拿破仑把掳走的俄罗斯珍宝藏在何处

拿破仑·波拿巴（1769～1821年），即拿破仑一世，出生于科西嘉岛，法国军事家与政治家，法兰西第一共和国第一执政（1799～1804年），法兰西第一帝国及百日王朝的皇帝（1804～1814年，1815年），曾经占领过欧洲的广大领土，使法国资产阶级革命的思想得到了更为广阔的传播。其一生，给世界增添了许多令人永远难以忘怀的传奇故事。

1809年，英、奥组成第五次反法同盟，被拿破仑挫败。随后，俄国公开表示允许其港口升挂中立国旗帜的英国船只驶入停泊，这标志着俄国加入了以英国为首的反法同盟一方。于是，1811年，拿破仑做出了一个决定——征服俄国，把俄国版图纳入自己的帝国之中。

1812年春，拿破仑陈兵波兰，为征服俄国做最后的准备。拿破仑的战略计划是速战速胜，不给俄国一丝喘息的机会，在最短的时间内迫使俄国人与他的军队决战。于是，拿破仑让士兵只带了四天的面包，随军的供给也只备有二十天。

1812年6月，踌躇满志的拿破仑率领着他的四十五万大军开始渡过涅曼河，进入俄国荒原。面对空前强大的敌人，俄国沙皇亚历山大一世任命巴莱克为俄国陆军元帅。

6月26日，拿破仑大军急奔维尔纽斯，打算包围俄军主力，一举击溃对方。但是他扑空了，俄军主力已退向德里萨阵地。7月3日，拿破仑率军来到维帖布斯克，想抢在俄军之前阻挡他们的会合。然而又晚了一步，两支俄军一齐退至斯摩棱斯克。8月16日至18日，法俄两军在斯摩棱斯克城前激战，拿破仑未能围歼俄军。18日夜里，俄军再次后撤，拿破仑不得不率领着法军再次拼命追赶，俄军退至莫斯科，拿破仑也随后追到莫斯科城下。

当法军进入斯摩棱斯克时，就发现俄国人采取焦土政策，早已将该城烧毁。虽然最后的决战还没开始，但法军为了能越过俄国境内的大平原与沼泽地付出了极大的代价，到达莫斯科时，原来四十五万的大部队只剩下十六万人。6 月份准备的粮食到现在已经吃得差不多了，但屡战沙场的拿破仑并不担心，他认为一旦攻下莫斯科，一切问题都可以解决。

在俄国，“全俄罗斯都希望让库图佐夫指挥军队”，加上沙皇亚历山大一世对巴莱克的不断撤退也极为不满。于是 8 月份命令库图佐夫为所有联军的总司令。库图佐夫被认为是当时俄国最有军事才能的元帅，也是唯一能和拿破仑相抗衡的人。他上任后立即在博罗季诺修筑防御工事，以期能阻挡法军的前进。

9 月17日，拿破仑率军从博罗季诺城正面发动进攻，从早晨六点直到中午，在五公里长的战线上双方投入兵力达二十六万，大炮一千二百门，这场拉锯战的激战一直持续到当天下午才结束。俄军损失二十二名将军，法军伤亡四十七名将帅，战斗开始仅十个小时，双方伤亡总数即达十万人。夜幕降临后，俄军在猛烈炮火的掩护下开始慢慢撤退，拿破仑终于取得了在这场被称做“自火药发明以来最惨烈的一场血战”的胜利，此时，他满怀着对最后胜利的期望，向莫斯科逼近。

拿破仑是很有艺术修养的，他对俄国首都莫斯科早就仰慕已久，他知道莫斯科被俄国人视为“圣城”，而莫斯科的克里姆林宫，则被人们看做是俄国的象征。拿破仑手下专门负责搜罗艺术珍宝的大臣们，想到马上就要进入莫斯科，马上就能看到克里姆林宫更是激动不已。他们如数家珍地告诉拿破仑说，不论是克里姆林宫的独特建筑风格还是宫内丰富的收藏品都使它成为世界建筑史上的精品和艺术收藏的宝库之一。克里姆林宫并不是一个独立的建筑，而是一个建筑群体。宫内包括寺院教堂、皇宫和钟楼。教堂的中央是一个高高耸立的教堂冠，周围由八个独立的小教堂组合而成，错落有致地分布着八个洋葱头形状的教堂顶，每一座教堂都有不同的五彩缤纷的花纹图案。公元12世纪时，伊凡三世企图以莫斯科取代土耳其的君士坦丁堡，成为东正教的中心。因此不惜重金聘请意大利巴洛克巨匠来设计克里姆林宫。

人们所熟悉的那个塔形建筑是克里姆林宫围墙上二十座座塔中的一座，叫斯巴斯基塔，是塔楼中最漂亮的。塔尖上镶有红色五角星，下面有一座直径为六米的大钟，字盘以黄金铸成，每十五分钟报时一次，十二点整时鸣奏进行曲。这个座塔是最高的一个座塔，高达八十米，也有人称之为俄国的凯旋门。克里姆林宫的教堂建筑很有特色。宫内有一个教堂广场，广场四周围绕着四座教堂：十二使徒堂、圣母升天堂、天使报喜堂及圣弥额尔堂。但最美的教堂要数与斯巴斯基塔相对的有“用石头描绘的童话”之称的华西里·伯拉仁内教堂。它是伊凡四世时所建，由几座参差不齐的高塔组成，中间最高的方形塔高达17米。虽然这九座塔彼此的式样、色彩均不相同，但却十分和谐，更难得的是它与克里姆林宫的大小宫殿、教堂搭配出一种特别的情调，为整个克里姆林宫增辉添彩。大克里姆林宫坐落在教堂广场附近，它是沙皇的宫殿。为了使世界上不能再建成这么美丽的建筑，当年的伊凡雷帝在竣工时弄瞎了所有参与的建筑师的双眼。

9月14日，拿破仑终于攻占了莫斯科。然而，当他进城之后才发现，昔日美丽繁华的莫斯科如今几乎成了一座空城。更令人意想不到的是，库图佐夫下令于 9 月15日夜间开始从周围烧毁这座美丽的圣城——他们自己的首都。原来，库图佐夫决定不与拿破仑交战而放弃这座圣城，他说：“我放弃莫斯科，是为了让拿破仑走向灭亡。”

法军在艰苦漫长的行军后，一到莫斯科城便狂饮得酩酊大醉，根本没有人想到去灭火。随后，莫斯科的建筑物一幢又一幢地被烧毁，大火烧毁了大半个城市，五天五夜才自行熄灭。

随着冲天火焰的破灭，拿破仑一切的希望也破灭了，俄军没有投降求和，反而是拿破仑曾几次主动提议媾和，表示愿意与俄国缔结“最宽大、最轻松、最光荣、最不侮辱人的和约”，而沙皇竟置之不理，法军只能在一片片废墟中扎营度日。10月中旬，莫斯科下了第一场雪，它预示着莫斯科寒冷的冬季就要来临了。拿破仑的军队是 6 月身着夏装出发的，加之军粮短缺，根本无法在莫斯科过冬。于是，他命令部队10月19日开始撤退，没有料到这一撤退竟造成更大的灾难。

11月初，暴风雪来临了，凛冽的严冬无情地吞噬着这些身着夏装的法军。在欧洲向来威风凛凛的拿破仑炮兵和骁勇善战的骑兵在面对大自然的惩罚时束手无策，整营整营的兵力一夜之间被冰冻瓦解。士兵们被冻死、冻僵的不计其数。

相反，库图佐夫率军向莫斯科东南方退却，三天后他又突然领兵迅速向西挺进。他的战略是扼守通往俄国南部富庶地区的通道，袭扰法军所有的补给线，不让拿破仑得到任何军需给养。

果然，拿破仑准备从南方“未经战火破坏的省份”撤回军队，库图佐夫发动小亚罗斯拉韦茨战役，经过十八个小时激战，迫使法军调头只能沿着入侵的原路撤回。而俄军则以前所未有的速度勇猛追击。当撤退的四万法军到达比利西纳河时，发现河上的桥已落入敌手，身着夏装的法国工兵们在冰天雪地中疯狂搭桥，终于在11月26日完工。剩下的残兵败将开始过桥渡河，法军花了三天三夜才全部过河。但他们没想到集结在桥畔的俄军此时已蜂拥而至，在俄军强大的炮火中，24000名法军只因难以抵御严寒而战死在比利西纳河岸。

就在拿破仑大军疯狂大撤退途中，法军庞大的辎重队中有二十五辆装满了在莫斯科掠夺的战利品的马车突然失踪了。拿破仑得知这一消息气急败坏，连忙命令手下部将火速赶到出事地点，但一切都无济于事，士兵们此时想的只是逃命，哪里还顾得上什么“辎重”。

12月中旬，法军终于走出了噩梦般的俄罗斯领土，拿破仑驰骋欧洲的45万大军此时只有27000人回到了巴黎。

那么，是什么原因导致拿破仑在莫斯科之战如此惨败，拿破仑大军的辎重队里那二十五辆车里到底装了什么，后来又被隐藏在何处呢?

对于拿破仑的这次惨败，有的历史学家认为，如果不考虑政治的因素，仅仅从战术思想上分析这场战争，拿破仑的战术并没有问题。但是，他无论如何也没想到俄国人竟然会放火焚烧自己的圣城莫斯科。在他的战争辞典里面，从来没有这样的条目，在历史上没有发生过为了阻击对方的进攻而烧毁自己国家首都的战例。他认为这样做如同反法同盟向巴黎进攻，而要他做出焚烧巴黎的命令，这是不可能的，但俄国人却这样做了，于是，拿破仑失去了这场战争。

对于第二个问题，让我们先听听一名叫尤·勃可莫罗夫的前苏联学者的观点："拿破仑继续痛苦的退却，因感到目前处境的危险，他深知在莫斯科所掠夺的古代的武器、伊凡大帝纪念塔上的大十字架、克里姆林宫中的珍贵物品、教堂的装饰品以及绘画和雕像等已无法带走。但又不甘心让俄军夺去，所以就命令将这些东西沉入萨姆廖玻的湖里。"

拿破仑在败退时，曾和两名亲信乘着雪橇往西疾驰，其中一人名叫阿伦·德·哥朗格尔。此人在他的回忆录中写道："11月1日，拿破仑从比亚吉玛退走。12月2日，我们来到了萨姆廖玻。第三天，到达斯拉普柯布，在这里，我们遇到大雪的侵袭……"

哥朗格尔写道，拿破仑曾命令把战利品沉入萨姆廖玻的湖里。

从此人的回忆录中可以看出，两者提供的日期和地点是完全相符的。后来，尤·勃可莫罗夫还参阅了一些俄国人、英国人和法国人所记述的有关这方面的材料。那些材料一致认为拿破仑是1812年11月2日把从莫斯科掠夺的战利品扔进了萨姆廖玻的湖中。

有人会问，假如拿破仑真的把这二十五辆车的宝藏沉入湖中，那些参与此事件的法国士兵不会全部死绝，那么，他们为什么后来不到此地寻找呢？要知道法国人是很勇于冒险和追逐财富的。还有，二十五辆车的宝藏绝非一个小数目，这么大的事情，俄国人后来难道真的会一点不知道？

也有人分析认为，将战利品沉入湖中的决定是在前无退路后有追兵的特殊情况下，拿破仑突然做出的。

参与此事的都是职业军人，而不是什么冒险家和探险家，对这些法国士兵来说，他们再也不愿意去这个噩梦般的地狱。而当地小村子里的村民即使知道此事，在兵荒马乱的战争期间他们恐怕也只能望湖兴叹。

所以，尤·勃可莫罗夫深信，如果战利品确实沉入了湖里，那它现在应该在那里"沉睡"。尤·勃可莫罗夫在列宁图书馆花了大量时间进行查阅，几乎翻遍了所有的地图。但令人感到失望的是，在比亚吉玛、萨姆廖玻一带并没有什么湖。后来，他给苏联科学院地理研究所去了信，对方答复说：“在比亚吉玛西南二十九公里的沼泽地有条叫萨姆寥夫卡的河，那块沼泽地也是以这个名字命名的。”

离开比亚吉玛二十九公里的沼泽地，拿破仑11月1日在比亚吉玛，第二天到萨姆廖玻……这样看来，随着岁月的推移，这个湖有可能是变成沼泽地了。那一百多年来，是否有人对这块地方进行过探索呢?

尤·勃可莫罗夫给有关机构发了信，询问这方面的情况。有的对他的疑问置之不理，有的即使回信也是“无可奉告”。只有斯摩棱斯克地方政府内政管理局记录保存室提供了一点材料：1835年，根据斯摩棱斯克地区长官的命令，由夏瓦列巴奇中校率领工兵部队曾对这个湖进行勘查。他们先测量了湖水的深度，在离水面五米深的地方，有堆像岩石般的堆积物，铅锥碰上去，似乎听到一种金属的声音。地区长官向国务大臣报告，国务大臣又呈报给沙皇。尼古拉一世拨款四千卢布，用来建立围堰，以便把水抽干。后来，围堰完成了，水也抽干了，但呈现在眼前的仅是一堆岩石，搜寻到此就中止了。

被人们称之为“骑在马背上的世界灵魂”的拿破仑，在欧洲可谓所向披靡，无往而不胜，拿破仑的大帝国征服了许多民族，也主宰着许多国家和地区的命运。可以说，他在更大的范围内重新组合了整个欧洲，并使整个欧洲为之臣服。他不仅成为历史上最伟大的征服者，其个人权势也达到了顶峰。拿破仑自视为查理大帝的继承人，并大封亲族，封其妹为多斯加尼大公；其弟路易为荷兰亲王；其幼弟哲鲁米为西发里亚国王；长兄约瑟夫为那不勒斯王；其侄子路易·拿破仑为贝尔格大公，欧洲几乎全为拿破仑家族所控制。

谁能想到他在莫斯科大撤退之后，又兵败滑铁卢，并被放逐到南大西洋中的圣赫勒拿岛。一位征服整个欧洲并企图征服世界的天才经过五年的监禁之后病逝于该岛。临终前，他说道：“除了我的名字，我什么也没有留下。”其实，从某种意义上说，自那时起，一个半世纪以来，拿破仑隐藏的这批无价之宝就给后人们留下了一个似乎永远无法破解的谜。

洛豪德岛的海盗遗产

澳大利亚位于南半球，是建立在地球最古老的大陆板块上的一个年轻国家。在大陆的周围，珍珠链环绕着若干或大或小的岛屿。其中，有一个名为洛豪德的小岛尤其惹人关注。这是因为相传在这座岛上藏有无数的财宝，其周围的海底也铺满了耀眼炫目的宝石。

△ 神秘的洛豪德岛宝藏

17世纪70年代，一位名叫威廉，菲波斯的人，在偶然中发现一张有关洛豪德岛的地图，图上标有西班牙商“黄金”号的沉没地。他惊喜若狂，感觉到发财的机会到了。

原来，“黄金”号商船有一段神秘的故事。那是在16世纪的50～70年代，西班牙人沿着哥伦布的航迹远征美洲大陆，从印第安人手里掠夺了无数的金银珠宝，然后载满船舱回国。然而，他们的行动被海盗们觉察了。于是，海盗们疯狂地袭击每一艘过往的商船，残杀船员，抢夺了大量财宝。

不过，沉重的财宝，海盗们无法全部带走。于是将剩余部分埋藏在洛豪德岛，并绘制了藏宝图，海盗们发下血誓，表示一定会严守秘密，以图永享这笔不义之财。

不过，海盗们终归是海盗，哪有什么信用可言。不久以后，就有一些阴谋者企图独吞宝藏，一时间血肉横飞，一场火拼之后留下了具具尸体，胜利者携带藏宝图混迹天下，过着花天酒地、骄奢淫逸的生活，而藏金岛的传说也不胫而走，风靡世界。

菲波斯怀揣这张不知真假的藏宝图，登上荒岛，四处勘察，然而他一无所获。正当他徘徊于海滩时，无意间脚陷入沙中，触及一块异物。经发掘是一丛精美绝伦的大珊瑚，在珊瑚内竟藏有一只精致木箱，箱中盛满金币、银币和珍奇宝物。菲波斯狂喜万分，他在岛上待了3个月，疯狂地寻觅，整整30吨金银珠宝装满了他的帆船，他实现了发财梦。

菲波斯发大财的消息像飓风一样，十传百，百传千，一时间寻金的人蜂拥而至洛豪德岛。人们认为菲波斯发现的金银财宝，仅仅是海盗藏金的一小部分，大部分藏金还在岛上。迎合人们这种心理，许许多多真假难辨的藏宝图应运而生，充斥各地，被重金炒来炒去。

当然，并非所有人都会像菲波斯那么幸运，许多人不但没有奇遇金银珠宝，反而丢了性命。至今，洛豪德岛上到底有没有金银财宝还是个谜。

印度古钱币之谜

我们早已经知道2000年前的罗马人步亚历山大大帝后尘，到过印度。在当时交通既不便利也不快捷，做这么远的旅行可算是一项壮举。罗马人不畏千里迢迢，甘冒种种艰苦到东方来，是完全可以理解的行动，因为任何一个欧洲商人只要经营东方奢侈品贸易，多有厚利可图。但罗马人面对那些文化迥异，似乎一无所求于罗马商贾的印度人，有什么可以提供呢？原来在印度南部曾有罗马钱币出土，一般人一听自然以为是零星出土的，但事实上钱币多半是大量埋藏在一起的。

那么，是否有少数魄力过人的印度人垄断了与西方的贸易，而迅速取得大量在印度不能用的钱财？或者，这些窖藏钱币，对印度收集者具有某种特殊意义？历史学家细心地将东西方贸易的证据集合起来，详加研究，终于对印度宝藏之谜提出别具匠心的答案。

当时罗马帝国国泰民安，商业贸易兴旺发达，罗马富有公民渴求各大洲、各文明地区的奢侈品，多能满足所欲。商贾从未开化的北方人那里输入琥珀和皮毛，从非洲运来象牙、黄金、香料及竞技用的野兽，从印度次大陆则运来充满东方色彩的奇货。

奥古斯都在位期间（公元前27年至公元14年），罗马与印度贸易兴盛。远自亚历山大大帝时期到东方发财的故事本已人人乐道，到这时许多印度商旅来到罗马帝国，更激发罗马人做贸易的兴趣。有一队印度商人带来了许多的奇珍或异物，诸如天生无手臂的人、大河龟、蛇，还有“大如秃鹰”的鹦鹉。其他商旅则带来珍珠和宝石，这些才是罗马市面洋洋大观、更有代表性的进口货。当时每年总有120艘船，由受罗马控制的埃及乘着季风驶往印度，去装运这些珍贵货物。

在这种贸易中最活跃的代理商就是罗马帝国的批发商人，他们是以亚历山大港为根据地的希腊人。亚历山大港在地中海海岸，是西方主要港口，东方的货物和原料即经此集散和转运。在印度，商人首先沿马拉巴海岸建立贸易站，在这些贸易站采购得大批香料，特别是胡椒，还有平纹细布、香水和象牙。公元1世纪末期，罗马商人从今日称为斯里兰卡的地方，借以物易物方式采购到珍珠和宝石，并且向印度商人购到远东地方的产品，最著名的当然是中国丝绸。

要购买所有这些商品必须有一种方法付款，但是当时印度这个国家的人民多不知有货币，对于罗马商人惯用的钱币，他们并无多大需求，所以免不了产生买卖时如何付款的难题。不过，这种麻烦最后以很巧妙的方法解决了。

1775年，首次有一大批罗马钱币在印度出土。当时的考古学家和历史学家都假定这些窖藏钱币，是印度商人的积蓄，由于某种不幸遭遇或意外事故，致使钱币长久埋没了。但现代历史终于了解，印度人有兴趣收藏这许多钱币，并非因为罗马钱币可用于购货流通，当时印度人完全没有货币概念，而仅是把钱币作为金锭或银锭看待。

因此，每一批窖藏钱币都已称过重量然后印上证明戳记。代表的是某一定数量的金子或银子，要购买某种整批的货物时，拿出这样的一批钱币作货款便行，就像现在印度集市上，有时也称出银首饰重量以确定可交换多少货物。由于罗马的金子和银子已经分铸为一个个有统一标准的金圆或银圆，这样印度人收集和应用起来就很方便，从而大大提高了罗马人的商誉。罗马学者普利尼说过，因为罗马钱币质量不变，尽管上面所铸为历代不同帝王的头像，但所有钱币重量相同，其金或银含量也始终如一。所以斯里兰卡国王有了好感，对诚实的罗马商人颇为优待。

当时的印度人为避免这些钱币重新用作货币，所以在钱币帝王头像上凿上一道刻痕，很多在印度出土的罗马钱币是这样毁损的。尽管印度人不用这些钱币做小额交易，他们并不漠视钱币上的精美可爱图案，印度人更以这些图案为蓝本，用赤陶仿钱币制成穿孔或带环孔的首饰，可能还镀金然后佩带，这样仿制确实是捧足了场。

但从罗马人的观点看来，钱币不断流往东方，而且一去不回，显然并非健全的营商之道，因此很快便实施了钱币出口限制。后来暴君尼禄降低了罗马银币的成色，印度人对罗马钱币的实在价值丧失了信心，于是拒绝再接受任何罗马钱币。商人不得不另谋易货的代用品，因而开始以商品互换，通用商品包括精美餐具、玻璃、亚麻布、珊瑚、灯饰、加工的宝石和酒等。20世纪40年代，印度的阿里卡梅杜发掘出一个罗马人主要的贸易站，发现了大量地中海地区所制陶器的碎片，表明罗马商人运用这种新贸易策略十分成功。阿里卡梅杜的仓库贮藏意大利陶罐、碟、美酒和餐具，在作坊里可以把珠宝加工和织染平纹细布。

但罗马军团要维持强大战斗力，罗马人民要安居乐业，并不仰仗于印度的贸易。公元3世纪，罗马内部危机重重，以致商业和贸易衰退，商人信心不足，与印度的直接贸易便停顿下来。从前充任中间人的阿拉伯人和波斯人把贸易接过来做。亚历山大港的商人不再顺季风扬帆渡海做买卖。从此，西方人心目中的印度再次成为充满神秘和难以接触的传说之邦。

亚历山大大帝在位期间（公元前336～前323年）东征西讨，首开地中海地区居民与印度互相交往风气。但由于波斯地方强大的帕提亚帝国兴起，古代横贯亚洲内陆的路线遭阻截，从地中海至次大陆即不能经陆路往来。于是商人转而向海上谋求安全的商路。

公元前1世纪，一位叫希帕洛斯的希腊商人发现可以利用西南季风来往印度次大陆，他并且提供了准确地理资料。于是，其他商人迅即利用希帕洛斯所说的风与东方做着史无前例的大规模贸易。在7、8月间，善于利用季风的商人有40天时间可从阿拉伯港口直航印度南海岸的马拉巴。12月至1月完成交易后，则经红海，或波斯湾及陆路回到地中海。到公元1世纪，西方商船队已绕过印度南端到达次大陆东岸的贸易站（此前则经陆路），从此也建立起地中海与斯里兰卡的直接贸易，有的船只更远航至缅甸、马来、越南，甚至中国。

韩国海底基地的宝藏之谜

有消息披露，日本在第二次世界大战期间，曾在侵略战争中从中国、朝鲜等处掠夺了大量的金、银、珠宝等作为军费。并在韩国的釜山市“赤崎湾”的海底建立了一个秘密的潜水艇基地，把它所掠来的财宝都藏在了这个基地中。据说，这批财宝按币值计算，要值现在的韩国币好几兆。这件事曾在韩国引起了广泛的兴趣。

消息一经传开，1982年1月，韩国的主要大报用“釜山有日本秘密潜水艇基地”、“去寻找通往一攫千金仓库的通道”等大标题，对此大肆渲染，更是在民间掀起寻宝热潮。

据说，日本第122特种部队司令曾遗留下来4张秘密基地的地图。在这些地图中提到，这里匿藏着几十吨金块，150吨白银，还有1600颗钻石。

因为通往基地的入口处在韩国部队的兵营内，百姓是无法进入的。1982年7月，韩国军方在强大的社会舆论压力下，决定向民间发放发掘埋藏物许可证。当时公众对发掘这批金银财宝持乐观态度，可是发掘了一年却一无所获。

韩国陆军本部曾与发掘业者围绕着发掘许可证问题展开了激烈的争论。现在经营中小企业的郑粙泳声称，他在第一次发掘许可证有效期过后一个星期，在军营某地下10米深处曾发现了秘密基地的入口处，但军方不允许他再挖了。他只好于1990年3月10日又向“青瓦台”军部提出申办发掘许可证的申请，但无人答复。看来这些财宝即便是有，也不知要等待何时才能重见天日，落入何人之手了。又何况财宝的下落尚没有确定呢？看来，要看好戏，只有走着瞧了。

神秘女子与远古珍宝之谜

1958年，英国著名考古学家詹姆斯·梅拉特坐在从伊斯坦布尔开出的一列火车上。他无意中一抬头，忽然看见对面坐着的一位少女白嫩的胳膊上戴着一只样式有些奇特的金手镯。出于职业本能，他觉得那个手镯有些像青铜时代的手镯。难道这真是几千年前的珍宝？他一边暗自问自己，一边走神仔细观察，对这只手镯看了又看。

当列车沿着西海岸穿过土耳其领土时，梅拉特再也忍不住自己的好奇心了。他主动向那位少女作了自我介绍，没想到那位女子性格十分开朗，自称叫安娜，并告诉他那只手镯是家里的珍藏，还答应让他细看其余藏品，说类似这样的珍品，家里还有好多，可请他到家里去欣赏。

不久，列车驶进土耳其爱琴海岸的伊兹密尔城时，那个姑娘带着梅拉特换乘交通工具去她家。

在路上，那个女子向梅拉特介绍了她家里很多的文物，梅拉特想早点看到她说的那些“珍品”，根本没考虑别的，更没想到要事先看看到底坐的什么船、走了什么路线，倒了什么车?

到了她家里，那姑娘从衣柜里把收藏品一件件拿了出来。每拿出来一件，梅拉特都不由自主地暗自激动一次。因为摆在他眼前的东西太过于神奇了，他简直不敢相信自己的眼睛。要知道，这些都是4500年前的珍宝，现在就实实在在地摆在他面前。面对着这些藏品，他立刻想到要把这些都拍成照片，但遭到那女子的拒绝。但她答应说，可以留在屋里临摹珍宝的草图。

梅拉特立即就开始了夜以继日地临摹。他一连干了好几天。一丝不苟地拓下了上面的象形文字，详细地记录下来各种细节，他想一定要把这活儿干得万无一失。

另外，那女子还告诉梅拉特说，她是希腊人，并说这批收藏品是第一次世界大战后希腊占领期间所发现的，当时，是从一个名叫多勒克的湖滨小村秘密发掘出来的。

听了女子的话，梅拉特非常激动，因为他心里十分清楚，这批藏品是4500年前铜器时代的遗物。根据施里曼对特洛伊古城所分的9个层次中，第1至第5期相当于青铜早期时代（大约在公元前3000～公元前1900年），而在施里曼挖掘出特洛伊古城后，有的考古学家提出了在特洛伊古城附近，还有一个在财富和声势方面几乎与特洛伊差不多的、以航海为主业的繁荣的远古大城。而这个女子家里的文物，恰恰印证了他们的观点。如此一来，过去所有的各种学说将都会被重新修订，梅拉特不禁为自己的发现暗自惊叹。

梅拉特终于干完了所有的活儿，他急急忙忙地离开了那女子的家。因为他觉得此事关系重大，涉及考古学上的重大课题。

回国后的1959年11月，梅拉特在《伦敦新闻书报》上公布了他这一重大发现。但没想到，他遭到很多人的怀疑。这是为什么呢?

原来，是梅拉特的疏忽害了他。

当时，他对那些文物爱不释手，但竟然没想起来，那些文物并非掌握在他手里，而是在女子家里。他要想找到文物就必须找到通往发现之门的那个希腊女子。这时，他才意识到，他对那个女子了解得太少了，几乎是一无所知。他只记得那个女子说英语，带有浓重的美国口音，自称住在卡齐·德力克街217号，名字叫安娜·帕帕斯特拉蒂。而他竟然信以为真，没有想到去仔细查对。

另外，他对他的上司英国考古学院的西顿·劳埃德教授说，早在6年前他就发现了那批珍宝，但最近才得到许可公开发表，这显然是在撒谎。梅拉特为什么要撒谎呢？原因很简单，梅拉特新婚不久，考虑到他是个绅士，假如说他在一个素不相识的女子家里过夜并住了好几天，这肯定得引起人们说三道四，又会让他的妻子难堪。为了避免这种境况，他把发现时间提前了6年，那时他还没有结婚。

梅拉特曾事先写信通知土耳其古物管理局，说打算发表自己的发现，那上面清楚地附着梅拉特的图样刊出的时间。但那封倒霉的信偏偏又寄丢了。

当梅拉特公布了他的发现后，土耳其当局非常震惊，有关人员以为是被不法分子抢走了国宝，他们马上找到梅拉特，向他调查珍宝现在藏在哪儿，那个女子是谁，为什么当初没有通知土耳其有关当局？他们把梅拉特当成了重大嫌疑人。

梅拉特无奈，只好再去找那个女子，可是他却发现那个城市里根本就没有一条叫做卡齐·德力克的街道。而且他也不记得自己是乘坐什么交通工具、怎样到达那里的。而土耳其当局经过反复查找，发现该市并没有那条街道，没有那个门牌号码，也没有那个叫安娜的女子了。

为此，梅拉特遭到不少的怀疑、指责和攻击。他极力为自己辩白，并后悔当初自己对那个女子太轻信、太粗心。

两年半之后，在土耳其《米利耶特报》的怂恿下，一场对梅拉特的指责开始了。该报声称，多勒克宝藏的挖掘日期是20世纪50年代的事。并且，有人看见梅拉特与一个不知来历的女人就在现场附近。尽管经过警方的反复调查，证明这个消息是假的，但他依然受到不公正的待遇。最可惜的是，因此事牵连，他被禁止在土耳其继续从事这项工作。

遭此非难，梅拉特百思不得其解。安娜是谁？她那天在火车上遇见梅拉特，真的是纯属巧合吗？是不是有人知道只要她的那只手镯一出现，肯定会引起考古学家的关注，而事先把安娜“安插”在火车上呢？

按照这种思路，有人认为，安娜是走私集团设下的诱饵，走私集团早已把多勒克珍宝隐藏起来准备出售，便布下圈套引诱梅拉特上钩。因为他们知道，一旦被梅拉特这么大名鼎鼎的考古学家鉴定为真品，其赃物在世界黑市交易上的价值就会成倍地提高。

到底真相是什么，至今谁也没有解开这个谜。梅拉特蒙冤要到什么时候？这是谁也回答不了的问题。

沉睡在海底的珍宝公墓

在寂静的海底世界里，沉睡着比人们想象中还要多的财宝。这是因为在历史上，每隔29个小时就有一艘船只葬身大海。在16世纪，每100艘从美洲殖民地运往西班牙去的金银船只中，就有45艘被海盗和风暴击沉到了海底。直到19世纪初，被海盗和风暴击沉的货船仍达30～40%。仅据法国海军部发表过的一个正式统计数字表明，每年沉没在法国沿海的船只就达350～500艘之多。每一艘沉船几乎多多少少都带有一笔财宝，更不要说当年那些专运金银珠宝的大帆船和各种各样的大货轮了，这些船上往往都载有难以估价的稀世珍宝。

历史上有名的一艘沉船是在1643年沉没在圣多明戈北面的大型船舶“康塞普西翁的圣母玛丽亚”号。这艘沉船吸引着好几代探险家，据说至今它仍沉睡在圣多明戈的普拉塔港东北163海里和特克斯群岛东北98海里之间的海底。

第一个企图打捞这艘沉船的是侨居美国波士顿的英国人威廉·菲普斯。他在1685年为征集打捞资金曾首次发起成立“探险绅士”之类的股份公司。1686年，他在加勒比海的一处被称之为“银滩”的海底，发现了一艘被认为就是“康塞普西翁的圣母玛丽亚”号的沉船。他从这艘沉船上打捞上来价值20万英镑的财宝带着32吨黄金返回了伦敦。这在当年寻宝史上是最耸人听闻的一件大事。威廉·菲普斯本人也因此被英国国王晋封为贵族，任命为马塞诸塞总督，成了显赫一时的风云人物。

海底沉宝最多的地方据说是在拉丁美洲北部的加勒比海。加勒比海在北大西洋南部大安德烈斯群岛、小安德烈斯群岛和中美、南美大陆之间，西北以尤卡坦海峡连墨西哥湾，西南经巴拿马运河通太平洋。东西最长约2800公里，南北最宽约1400公里，面积达375万平方公里，平均水深2491米，最深处的开曼海沟达7680米。

自1498年哥伦布第三次横渡大西洋时到达这里以来，被风暴和海盗击沉的各种满载金银珠宝的船只少说也数以千计。除加勒比海外，南非的好望角海底也沉睡着数百艘各种沉船，其中大多数都是当年荷兰人运载财宝的船舶。黄海、澳大利亚和塔斯马尼亚岛之间的巴斯海峡、智利、秘鲁、委内瑞拉和巴西的沿海，以及西班牙、英国和美国南部的沿岸，也都是沉船较集中的海域。

有一个外号叫“桅帆”的水手弗朗西斯·马尔什曾经对法国“寻找珍宝俱乐部”的成员讲过这样一则传闻：“我在墨西哥的马德罗、在阿根廷的拉斯帕尔玛斯、在多米尼加的普拉塔港都听说过，在大西洋马尾藻海附近的某个海底，存在着一个‘珍宝公墓’。从15世纪以来，数以千计的西班牙船只驶进这里以。后就再也无影无踪，杳无音讯了。马尾藻海是一个鲜为人知的神秘海域，人们一直传说，在那里，海底的不深处有一个岩石盖顶，当一艘船只出事后，并不总是直接沉入海底，而是经常被旋涡卷进深渊，从而使遇难的船只远离出事地点而不知去向。据说，地球上1/10的黄金都沉没在那里，其中某些地方海深还不到30米。另一个‘珍宝公墓’在古巴的贝尔穆德斯东南。第三个‘珍宝公墓’在阿根廷的科里昂特角250海里的外海。第四个‘珍宝公墓’在智利的奇洛埃岛附近。第五个‘珍宝公墓’在塞内加尔的佛得角海底。虽然没有人能够指出‘珍宝公墓’的确切方位，但可以推测出在那里或其他地方某个海底深渊，一定堆积着满载古代金币、银币和珍宝的沉舟。”

第二次世界大战的战事档案也可以扩大人们的搜索视野。正是由于这些档案文献，使人们有可能进一步确定沉没在科西嘉岛西北的4箱600公斤重黄金的“罗梅尔之宝”的位置。也多亏了这些档案文献，人们才找到了“阿波丸”号沉船的确切方位。“阿波丸”号是一般日本货轮，满载着日本人在其占领下的港口里掠夺来的珍宝。另外，在第二次世界大战期间沉没在北海和斯卡格拉克海峡（丹麦和挪威之间）里的德国潜艇中，也有不少装载着黄

△ “阿波丸”号油画

金、白银以及国家机密等珍贵物品。

在威廉·菲普斯时代，人们用当地的潜水员去寻找海底沉宝。现在，人们则是用精密的尖端科学技术装置。其中有通过回声来测量海底地形的声呐，有探测是否有金属物品的质子磁力仪，有挖掘泥浆的水喷管，以及吸扬式挖泥船、海底微型摩托车和微型定位潜水艇。

按惯例，一艘沉船被发现以后，“沉宝发现者”应该在48小时之内去有关国家的航海事业管理局进行申报。沉船之物属于在其领海之内的国家所有。按照传统的办法，“沉宝发现者”可领取自己发现的一份物品。在法国，一般是1/3，有些国家是对开分。在另外一些地方，像佛罗里达，是给发现者25%的物品。有的国家，像希腊和土耳其，是绝对禁止人们私自打捞海底沉宝的。但也有一些国家，像北欧国家，则在寻找潜水人员进行合作以打捞海底沉宝。英国财政部在1950年曾经同国内一家打捞公司达成协议，打捞一艘沉没在加拿大纽芬兰海底的英国货轮“帝国庄园”号上的70块金砖，捞到的金砖70%归打捞公司，其余归英国国库。打捞前英国政府预付2.5万英镑作为工程准备费用。条件虽然很优惠，但打捞公司面临的却是一项艰难复杂的打捞任务，因为这一带海域环境特别恶劣，不仅多雾多风，还有又冷又急的海底暗流和漂来的浮冰。经过二十多年的努力，直到1973年10月才终于从海底捞起全部沉金。

1976年10月，在面临墨西哥湾的维拉库鲁斯附近海湾的浅海中，当地的一位渔民发现了金质护胸、金条以及宝石等五十多件文物。墨西哥的考古学家们认为这些财宝很可能是古代阿斯泰加帝国传说中门泰斯玛财宝的一部分，从而引起了极大的轰动。

在墨西哥，传说古代阿斯泰加帝国的门泰斯玛王在1519年对西班牙科尔泰斯进行残酷征服时，把财宝密藏于某处。科尔泰斯为了找到这批财宝，曾拷问该帝国最后的统治者查乌泰茅克，逼其供出藏宝之处。但该王至死不从，这一秘密也随着他的死亡而成为一个历史之谜。

负责调查这些文物的迈德林·维拉库鲁斯大学人类学历史学研究所所长没有肯定这些文物是传说中的财宝的一部分。但他强调指出，其中大部分是在700年前制成的，特别是金护胸，是历史上极为重要的文物。并以装载有如此珍贵货物却未发现殖民地时代的沉船记录为依据，反对认为这些文物是沉没的西班牙沉船货物的观点。

这个渔民发现财宝的消息在当地掀起了一场淘金热。为防止盗掘，政府派出武装巡逻队加以警戒。据说，由于发现这些文物的渔夫将发现的一部分金制品卖给附近的贵金属商人，而被政府以违反文物保护法罪关进监狱。

然而，最近此类事件已不胜枚举。沉船中的货物和财宝已成为孤注一掷的投机家和企业的诱饵，它们的被发现给这些人创造了机会，以致随时都可能被盗掘。

现在，一个为保护海底文化遗产的国际法律方案已经提交给世界海洋法会议。但是，近期看来是不会有什么结果的。因此，在这期间，海底沉宝和其他许多海洋资源一样，仍然还会是你争我夺的对象。例如，日俄战争期间，俄国有一艘巡洋舰“纳希莫夫”号，在1905年5月28日，被日本炮舰击沉在对马海峡琴崎海岸外10公里附近处，据说舰上载有大型白金砖16块，金砖18块，5000镑一箱的金块5500箱，价值估计至少在350亿美元以上。1931～1937年，日本曾进行过打捞，但只捞起几块铁片。前不久，日本船舶振兴会又以巨资支持打捞作业，到1980年10月已捞出白金砖17块。日本捞出白金以后，前苏联驻日代办立即向日本外务省打出要索回“纳希莫夫”号沉船及其所装载财宝的报告。日本则以打捞与政府无关，要进行“了解”研究为理由作为答复。

在第二次世界大战期间，英国巡逻舰“爱丁堡”号由苏联驶往美国时，在1942年4月下旬被德国舰艇击沉在巴伦支海。据说这艘巡洋舰上也装有5吨多金块。英国、苏联、挪威一直都想打捞这艘沉舟里的黄金，但因没有勘探到沉舰的确切地点，所以无法下手。到20世纪80年代初，英国里斯敦·皮士莱斯打捞公司终于传出消息，说它已发现了载有金块的“爱丁堡”号沉舟。随之而来的是，苏联飞机不断地在打捞作业区上空进行空中侦察，苏联潜艇也不时地光临监督，这表明苏联是不甘心英国独吞“爱丁堡”号沉舰里的财宝的。总之，随着现代科学技术的发展，人类在海洋探测、海洋潜水和海洋打捞方面的本领也在突飞猛进。这一方面可以使人类更有效地开发利用海洋资源，另一方面也为各种各样的海底沉宝寻找者提供了方便，使他们可以利用先进的水下技术去找到海底沉宝。一场争夺沉宝之赛已经在静静的海底世界里拉开了序幕。至于人们到底能发现和打捞上来多少海底珍宝，目前还不得而知。

罗亚尔港宝藏之谜

16世纪，中、南美洲是西班牙的天下，殖民强盗搜刮了大量金银财宝，一船船运回欧洲。在入侵西半球方面，英国落后西班牙一步，除了控制北美洲北部地区以外，很难染指西班牙的势力范围。心理不平衡的英国嫉妒西班牙抢到的巨额财富，就怂恿海盗专门袭击西班牙的船只，并为之提供庇护所。与此同时，欧洲一些亡命之徒沦为海盗，在美洲沿海抢劫过往商船，特别对抢劫西班牙皇家的运金船更感兴趣。英国政府当时专门辟出英属殖民地牙买加岛东南岸的罗亚尔港作为海盗的基地，罗亚尔港于是成为历史上海盗船队的最大集中地。

罗亚尔港的公开身份是牙买加首府，非正式身份是海盗首都，海盗抢夺来的金银珠宝在这里堆成山，一船船金子有的时候都轮不到卸船，只有停放在港口里等候。这里是人类历史上最邪恶的城市，也是最堕落的城市，虽然只有几万人生活在这里（其中大约6500人是海盗），但城市的奢侈程度远远超越当时的伦敦和巴黎。整个城市没有任何工业，却可以享受最豪华的物质生活。中国的丝绸、印尼的香料、英国的工业品一应俱全。当然最多的还是金条、银条和珠宝。

1692年6月7日，罗亚尔港仍像往常一样热闹，酒馆人声嘈杂，销赃市场顾客如云，各式船只频繁进出港口，满载着工业品的英国船在码头卸货，美洲大陆的过境船在修帆加水。海盗船混迹其间，一般人难以辨别出来。但是这个罪恶之城注定要受到上帝的惩罚。

中午时分，忽然大地颤动了一下，接着是一阵紧过一阵的摇晃。地面出现巨大裂缝，建筑物纷纷倒塌。土地像波浪一样在起伏，地面同时出现几百条裂缝，忽开忽合。海水像开了锅，激浪将港内船只悉数打碎。穿金戴银的人在屋塌、地裂、海啸的交逼下疯狂奔走，企图找一个庇身之所。11时47分，一阵最猛烈的震动后，全城2/3没于海水底下，残存陆地上的建筑物也被海浪冲得无影无踪。

罗亚尔港从此消失在大海中，直到1835年，在风平浪静的日子里，人们仍能清楚地看见海底城市的痕迹——一些沉船、房屋依稀可辨。当时测量，沉城处于海平面之下7到11米。以后泥沙和垃圾层层覆盖，罗亚尔港在人们的记忆中湮灭了。

牙买加独立以后，政府一直没有放弃寻找这个海葬城市。1959年，牙买加政府和海下考古学家罗伯特·马科思签订挖掘条约。条约规定马科思只负责挖掘，而挖出的所有财宝都归牙买加政府所有。在之后的时间里，马科思找到了一部分城市遗址，并挖出了价值几百万美元的珠宝和大批生活用品。其中最有历史价值的是一只怀表，表针指向11时47分，由此确认了古城沉没的时间。而最有趣的是一尊没有头的雕像，专家研究证实这是中国人信奉的观音。4年以后，马科思以“再也挖不到财宝”为由离开牙买加。所有的人都不相信罗亚尔港只有这一点财宝，但谁也猜不出马科思离去的真实原因。

1990年，美国得克萨斯州大学接到牙买加政府的邀请，再次开始罗亚尔港的挖掘工作。该大学的专家们准确找到罗亚尔港的主要沉没地点，他们发现当年马科思挖出来的宝藏只是非常小的一部分，99%的宝藏还沉在海水里。现在罗亚尔港宝藏的寻找工作还在继续，不过牙买加政府没有决定打捞已经发现的物品和金银。没有人知道这个被海葬的海盗首都到底还能给人类带来多少惊喜。

图坦卡蒙法老王的宝藏之谜

关于古埃及法老的陵墓，最让人们津津乐道的无疑是那座恢宏壮观的金字塔。除此之外，还有一个令无数游客向往的地方，那就是位于尼罗河西岸、底比斯遗址附近的帝王谷。这里荒无人烟、寸草不生，但却埋葬着埃及第17至第20王朝间的64位法老，一共有60座陵墓。其中，有个最不起眼的法老陵墓，却拥有着最巨大的宝藏——近10000件陪葬品，每件都是无价之宝。这就是小法老王图坦卡蒙的陵墓。考古学家整整用了5年的时间才把陪葬品全部从陵墓里挖掘出来。这些文物包括打造精美的纯金面具、纯金雕制镶满宝石的王位、铺满墓室墙壁的纯金浮雕、女神哈托尔牛头灵床、完整无缺的法老木乃伊等。

三千多年前，古埃及人认为人死后能复生。于是他们花上好很多时间建造陵墓，将法老王的尸体制成木乃伊，用最大最珍贵的宝物陪葬，除了显示法老王当时的地位和威望外，还希望死者来世继续拥有丰富的物质财富。但是，这样势必会引起盗墓者的觊觎，因此陵墓的外观尽可能不做标志，选用帝王谷这个人迹罕至的山谷作为帝王墓地，是为了避免盗墓者的破坏。然而，哪有那么多尽如人愿的事情呢？到了霍华德·卡特的时代，这些已知的古墓早已被洗劫过，这一切也许是法老王们所没有料到的吧！

霍华德·卡特是一名美国考古学家，他熟读古埃及历史，从1903年起，他就带领助手在帝王谷搜索法老陵墓。1922年11月5日，他在另一个著名的法老拉美西斯六世的陵墓下面，终于找到了开凿于岩石内的图坦卡蒙陵墓的入口。

图坦卡蒙于8岁登位，成为古埃及十八王朝的第12位法老，公元前1352

△ 图坦卡蒙的黄金面具

年去世，年仅19岁。因在位时间短，他在埃及历代法老中显得不太起眼。他的突然去世，也使其遗体没有搬入事先修建的金字塔陵墓。不过，也正因为关注度不高，其陵墓在很长时间里始终没有被发现。

发现图坦卡蒙的陵墓一直是卡特的梦想，他风餐露宿，历尽艰辛，用了整整6年时间，不断地勘测挖掘，却一无所获。1922年，失望至极的卡特和同伴准备放弃在帝王谷的努力，当时中部谷底还只剩下一小块地方没有挖掘。于是，他们商量着将这块地挖完就结束任务。谁知，幸运之神这次终于眷顾了。1922年11月4日黎明刚过，卡特的工作人员在法老王拉美西斯四世的墓地下面发现了一段继续往下的台阶。卡特马上下令把台阶清理干净，这时他们看到了一扇门，门上有图坦卡蒙印章的图案。卡特立即通知挖掘行动的资助者——远在英国的卡那封勋爵赶到现场。三个星期后，卡那封到了现场，门才被打开。门后面是一条长长的漆黑通道，通道尽头是另一扇门。卡特在门上凿了一个小孔，把灯举到门孔上往里面瞄。急切的卡那封勋爵问他看到了什么。卡特倒抽了一口气："无与伦比的东西！"

让卡特惊为天人的图坦卡蒙陵墓，也让世界震惊。这是3300年来唯一一个完好无缺的法老陵墓，也是埃及最豪华的陵寝，更是埃及考古史乃至世界考古史上最伟大的发现。

总共分为4个室的陵墓里面堆满了价值连城的珍贵物品。外层的房间，有

△ 打开图坦卡蒙棺椁

镀金木战车、一个纯金雕制镶满宝石的王位、华丽的首饰、宝石镶嵌的柜子和鸵鸟羽毛扇等。密室里干燥的空气使这些物品，包括术制品和柳条制品，经历三千多年的岁月仍然完好无缺。

陵墓内部密室的中心是图坦卡蒙的木乃伊，戴着纯金打造的面具，上面镶嵌着宝石，额头上是秃鹰和眼镜蛇的图案，代表团坦卡蒙对上埃及和下埃及的权威。木乃伊躺在镶有宝石的黄金棺材里面，棺材重达140千克，外层还有两个木棺椁，一个贴着金叶，另一个镀金，木棺椁外又有一个石英棺椁。

卡特和卡那封一行人沉浸在发现图坦卡蒙陵墓和众多珍宝的巨大喜悦中，似乎没有注意到图坦卡蒙的墓志铭上有这样一行字：“谁要是干扰了法老的安宁，死亡就会降临到他的头上。”果然，陵墓开启后几天，卡那封的左脸脸颊就不慎被蚊子叮咬，接着他发起了高烧，并且引起了一系列并发症，最后不治身亡。据说他死之前已陷入昏迷，呓语着：“啊……图坦卡蒙国王……我听见了他的呼唤声……我要随他而去了……”据说，科学家们用X射线照图坦卡蒙的木乃伊，发现他尸体左边脸颊的同样位置也有一个伤疤。

卡那封死后不久，他的老朋友美国铁路业巨头乔治·杰戈德成为另一位印证法老诅咒的人——就在走进网坦卡蒙陵墓参观后的第二天，他便无缘无故发起了高烧，并在当天夜里猝死。1926年，勒·弗米尔教授于参观该陵墓后的当天晚上就在睡梦中无疾而终。解剖学专家齐伯尔特·德利教授也同样遭殃——他是第一个解开裹尸布并用X光透视图坦卡蒙法老木乃伊的人。然而，仅仅才拍了几张X光片，他就突发高烧，无法继续工作，只能带病回到伦敦，于翌年去世。南非一位富豪在参观该陵墓后，莫名其妙地从游艇跌进风平浪静的尼罗河，溺水而死……数十个直接或间接与陵墓有关的人相继离奇死亡的事实，让“法老王的诅咒”一说不胫而走。然而，奇怪的是，同为第一批挖掘陵墓的人，卡特却在此后平安地活了27年。并且，他在这27年里又发现并挖掘了哈特舍普苏女王、图特摩斯四世的陵墓。如果法老王真的留有魔咒的话，卡特又怎会逃过一劫呢?

第二次世界大战中，纳粹德国对世界上众多国家犯下滔天罪行。德国法西斯不仅滥杀无辜，而且掠夺了好多国家的财物和艺术珍宝。在纳粹的铁蹄之下，世界上许多国家珍藏的艺术珍宝遭到了毁灭性的掠夺，许多国家的古堡、宫殿、博物馆被洗劫一空。

希特勒曾精心组织了一支特别部队，他们的任务就是专门有计划地对各国的珍贵文物、金银财宝进行大规模抢劫。同时，纳粹每占领一个国家，其财政人员马上便夺取这个国家的黄金和外国证券、外汇等，并向这些国家征收数目惊人的“占领费”。到战争结束时，单单“占领费”的收入就有600亿马克。纳粹还用种种理由迫使被占领国支付“罚金”、“贡金”，仅此一项金额就达1040亿马克。

纳粹在征服波兰后，其第二号人物戈林就下令大肆掠夺波兰文物。半年后，“这个国家的所有文物，已全部被接收”。据德国官方的一份秘密报告表明，到1944年7月为止，从西欧运到德国的文物共装了137辆铁路货车，共计4174箱、20973件，单绘画就有10890幅，其中绝大多数为名家杰作。

纳粹头目戈林一个人所收藏的文物，据他自己估计就值5000万德国马克。其中有5000幅世界名画，16万件珠宝镶嵌的宝物，2400多件古代名贵家具，这些物品中1500件属于稀世珍宝。上述的财宝都是有案可查的，而那些不在册的更是不计其数。

关于纳粹的宝藏，据说有相当一部分被隐藏在奥地利境内的阿尔卑斯山中，盟军的寻宝队曾多次在那里搜寻。1945年，一位瑞士向导宣称，在山中见到一架纳粹飞机的遗骸。原来在1943年，墨索里尼已到山穷水尽的地步，为了使他能继续苟延残喘，希特勒曾下过一道密令，用飞机运去相当于1亿美元的黄金。后来飞机在阿尔卑斯山阿丹墨罗峰触山失事。有关人员在向导带领下赶到这里，发现一条移动的冰河掩盖了这个地点，飞机、驾驶员、黄金早已荡然无存。

1949年，奥地利警察发现一个叫兰兹的人十分可疑。之所以说他可疑，是因为在他的衣服里藏着一张奇怪的单子，上面开列有瑞士法郎、美钞、黄金、钻石、鸦片等总值约1亿多美元的东西，签署这张单子的是原纳粹德国少年冲锋队将军史坦弗·佛罗列屈。对于这张单子的来历和目的，兰兹守口如瓶。奥地利警察用尽一切办法想撬开他的嘴巴，但此人宁死不讲。

1950年5月17日，警方终于又逮着了一个和史坦弗·佛罗列屈有关系的人。此人名叫希姆尔，在他隐藏在一个修道院的箱子里，警察发现了五百多万美元及一批金条。他承认这是史坦弗·佛罗列屈叫他保管的。随后，警方终于逮捕了史坦弗·佛罗列屈。但不论是他本人还是希姆尔都拒不说出隐藏财物的地点。

据说，1954年，一位名叫弗兰克的德国人在奥地利度假，他利用过去曾是纳粹党员和被希特勒授勋的身份，设法打进了掩护宝藏的纳粹地下组织，最终看到了处于严密守护下的宝藏。他不仅在每一个地穴上都清楚地看到了50万、70万的字样，还听到了许多人以度假的名义来寻宝，最后被杀害的故事。但这件事公开以后，很多人都怀疑弗兰克和这些珍宝的真实性。

纳粹掠夺的大宗财富，经过瓜分、隐藏，形成了神秘的八大宝藏。其中最为著名的有希特勒金库和“大德意志之宝”。

所谓希特勒金库就是指1938年希特勒建造的“狼穴”。它地处波兰格鲁贝尔河畔的一座名叫凯特尔赞的小城，过去这个地方也叫拉施坦尔。“狼穴”建在地下二十多米深处，四周有80处野外防御工事和犬牙交错的地雷网与死亡带，在战争期间，拉施坦尔是一个禁区。从1939年到1944年，“狼穴”是希特勒的参谋部，一系列秘密的军事攻击计划都是在这里拟定的。当

△ 图坦卡蒙墓内出土的黄金王座

年的纳粹为了确保“狼穴”工程的绝对秘密，不仅把参与修建这个工程的1万名工人全部枪杀，就连制定“狼穴”工程方案的所有设计人员也被送上一架飞机，名义上说是把他们运往德国西部。但是，飞机降落时突然爆炸了。在“狼穴”里还有一座造币厂和一个银行。据后来纳粹分子交代，在这座神秘的地下金库里存放着数量相当惊人的黄金、白银和各种珍宝。然而，二战以后这么多年来，无论是苏联人还是波兰人，都没有能找到这座地下金库，也从来没有发现有关这笔财产的编制清单。

所谓“大德意志之宝”，是指1944年底，纳粹德国即将崩溃前夕，希特勒为日后东山再起而有计划地隐藏起来的一大笔德国政府的财产。这也是欧洲历史上一个战败民族第一次隐藏自己的财富。

1945年4月，人们发现，有近千辆卡车在负责转移德国银行的财产。这笔财产按当时的估价相当于3500亿法郎。此外，一大批首饰、金条、宝石、稀世艺术珍品，以及纳粹头子们的私人财产和教会财产，还有从意大利、南斯拉夫、希腊和捷克等国犹太人身上掠夺来的财产等也被悉数转移，其总价值估计可达7000亿法郎。希特勒的密令是：“把当时还留在德国的所有财宝以‘国家财产’的名义隐藏起来。”

这笔财产的数目如此巨大，自然引起了许多人的垂涎。战争结束后，不少人企图寻找这笔财宝。盟军就曾组织一支寻宝队，他们在一个盐矿里发现了一批黄金、银器、宝石、瓷器、雕像、名画，价值达100亿法郎。但谁都知道，比起纳粹整个掳走的宝藏来说，这只是冰山一角。

有人认为，“大德意志之宝”的主要部分已经多次转移，其藏宝处分散在奥地利的加施泰因、萨尔茨堡、萨尔茨卡梅尔克附近地区。

也有人认为，主要藏宝点是在奥斯小城周围，因为奥斯在战争期间是纳粹德国最后顽抗的据点之一。人们估计有价值2亿多马克的财产被隐藏在奥斯地区。原联邦德国政府、奥地利政府、法国、美国、苏联和以色列的秘密机构也都在此地竭力寻找这批财宝。从法律上讲，他们似乎都有权要求得到这笔财产。

到底谁能找到纳粹的宝藏呢？让我们拭目以待。

沙皇彩蛋传奇

俄罗斯的珠宝有比较悠久的历史，比如一个名叫法贝热的天才俄国金匠创造了令人目眩神迷的沙皇彩蛋，他用自己的巧思将原来平凡的彩蛋变成了一个华丽的传奇。

彼得·卡尔·法贝热于1846年出生在圣彼得堡，他的父亲古斯塔夫·法贝热在那里兢兢业业地经营着一间小小的银器和珠宝作坊。从未想到自己的小店有朝一日会变成俄国首屈一指的珠宝行，被俄国和欧洲各国皇族所追捧。卡尔·法贝热在接手父亲的珠宝店之前做足了准备，他先在德国德累斯顿一家商业学校学习了几年，之后又到欧洲各国游历。到1872年，他接下家族那片小小的珠宝作坊时，已经有了丰富的商业知识和非凡的艺术眼光，准备大干一场了。那时，法贝热家的珠宝店和别家并无太大不同，大家都一样做着圣彼得堡上流社会的生意。年轻的法贝热经过思考后认为，只有独树一帜才能让法贝热珠宝扬名于世。当时俄国权贵们在珠宝首饰方面的品味着实令人不敢恭维，在他们眼中，珠宝价值主要还是取决于尺寸和重量，个头越大，分量越重，就越能吸引艳羡的目光。就在这种华而不实、竞相摆阔的风气中，法贝热和弟弟一道，发动了一场小小的革命——当然不是政治革命，而是艺术风格的革命。为了与其他珠宝商区别开来，法贝热将重点由珠宝的克拉数转移到对艺术创造性和工艺水平的追求上。

他一改过去珠宝店一味堆砌名贵材料的做法，大胆使用陶瓷、玻璃、钢铁、木材、小粒珍珠等材料。法贝热最注重的是设计，他的作品体现出歌德、文艺复兴、巴洛克、新艺术等多种风格，有的作品甚至有强烈的现代感，预见了20世纪的简单几何线条和简约风格。当他的对手

△ 沙皇彩蛋

们还守着传统的白色、淡蓝色及粉红色等颜料不变的时候，法贝热却锐意创新，起用了黄、紫红、橙红和各种各样的绿色……总共有超过140种全新的颜色。法贝热还将到年末尚未售出的所有产品全都毁掉，这是法贝热最伟大的一点，他从不重复自我。

而懂得如何巧妙地推销自己也正是法贝热所擅长的。虽然他原本只是一个珠宝和金器工匠，他却懂得抓住每一个机会。在得到沙皇赏识之前，他努力争取到皇帝艺苑工作，在那里见识了皇室历代传下来的各种奇珍异宝，同时做一些修补和估价工作。这段经历使他赢得了同行的承认和赞许，并于1882年获邀参加泛俄展览会。法贝热竭尽所能，做了一批精美的珠宝参展，他得到了丰厚的回报——一枚金质奖章，多家报纸对他进行了报道。更重要的是，沙皇亚历山大三世和他的妻子玛利亚·费奥多罗芙娜皇后也来参观了展览，并被别致的法贝热展品所吸引。

1886年，法贝热得到一个珠宝匠人所能得到的最高奖赏：被封为“皇家御用珠宝师”。1885年，他接到了那个著名的订单：沙皇命令他为皇后做一枚复活节彩蛋。

1885年是俄国沙皇亚历山大三世登基20周年，在这一具有特殊意义的复活节里，亚历山大三世想给心爱的妻子——皇后玛利亚·费奥多罗芙娜准备一份特别的节日礼物。亚历山大三世招来一名年轻的珠宝设计师，他就是法贝热。法贝热之所以能被沙皇相中是因为这位年轻人的作品曾经吸引过玛利亚的眼光。在复活节当天早上，法贝热向亚历山大三世呈上一只外表看上去简单无奇的复活蛋。但出乎众人意料的是，白色珐琅外层的蛋壳里面竟然有黄金做的鸡蛋，鸡蛋里面是一只小巧的金母鸡，金母鸡肚子里还有一顶以钻石镶成的迷你后冠和一个以红宝石做成的微型鸡蛋。一只小小的复活节彩蛋里隐藏的数层“机关”给皇后带来了无比的惊喜，玛利亚对法贝热的礼物爱不释手。挥洒千金为博红颜一笑的亚历山大三世，马上下谕令要求法贝热以后每年设计一只复活节彩蛋呈贡，并要求每只彩蛋必须是独一无二，而且必须让皇后欢喜不已。精湛工艺再加上与生俱来的艺术原创素质，令法贝热从纸醉金迷的宫廷生活中借来创造灵感，年复一年地胜任挑战。为俄国两朝沙皇与皇后设计了50只独具匠心的复活节彩蛋艺术精品。法贝热自此成为沙俄宫廷的御用艺术家，他把半生的精力服务于沙皇。

马车模型陪衬的一枚加冕彩蛋构思精巧、做工华丽的法贝热彩蛋将珠宝艺术提升到了文艺复兴以来装饰艺术的最高水平。在1900年的巴黎世界博览会上，沙皇彩蛋首次公开展出，让评委大吃一惊，法贝热的盛名由此远播整个欧洲。法贝热成了时髦和高贵的同义词，拥有一件法贝热产品不单是为欣赏，更是一种地位的象征。贵族们互相攀比，几乎每一件私人的物品都必须经过法贝热之手，才能称为珍品。每当沙皇和皇后出访或在俄国四处巡游时，总是随身带着装满了法贝热珠宝的箱子，以备在适当的时候送给别人做礼物。到1896年尼古拉二世继位的时候，俄国沙皇大部分礼物都出自法贝热之手。

除了圣彼得堡总部，法贝热在莫斯科、敖德萨、基辅都设有工作坊，也在伦敦设了分行。在鼎盛时期，法贝热公司员工多达500人，为俄国首屈一指的珠宝行，这时的法贝热已经显示出了杰出的管理才能。由于订单太多，他从各地乃至各国请来顶级工艺大师，让他们共同为法贝热工厂服务。而他本人负责为公司制定目标、提供设计，以及制作产品目录。所以，尽管法贝热的名字已经等同于沙俄帝国那些奢华精美的珠宝，但实际上，没有任何一件作品是由他的手亲自做出来的，沙皇彩蛋也是集体合作的成果。首先经过前期详尽的策划，完成草图和模型，然后由金匠、银器匠、上釉工匠、珠宝工匠、玉石工匠和石工等人进行讨论、综合，各出奇谋，接着才分配到法贝热属下的工厂进行加工。

1918年，罗曼诺夫王朝覆灭后，法贝热的家产被充公，部分还遭到洗劫。法贝热和他的家人登上最后一辆前往里加的外交列车离开了俄国。但他们谁也没想到，他们再也没能回到自己深爱的故乡。

革命后不久，罗曼诺夫王朝的财产被新政府没收。以前属于皇室的金、银、珠宝和画像，包括大部分复活节彩蛋被一一记录在册，打包后被运到克里姆林军工厂。有一些彩蛋在皇宫遭到洗劫时流失了，当时唯一没被发现的彩蛋是圣乔治勋爵彩蛋，这也是法贝热制作的最后一枚彩蛋。皇太后是1916年在圣彼得堡的克里米亚收到这份礼物的，她再也没有回到圣彼得堡，而当英国的巡洋舰打到那里时，玛利亚才撤退。她随身带着这枚彩蛋和其他一些贵重物品，乘坐英国的战船马尔波罗号从雅尔塔逃亡到大不列颠帝国。圣乔治勋爵彩蛋也成为她最珍视的彩蛋。

在列宁的命令下，全部的珠宝和彩蛋被送往莫斯科。在克里姆林军工厂黑暗的储藏室的通道里，一些珍宝遗失了，现在没有人知道它们去了哪里。在那里，装有彩蛋的柳条箱仍然保存完好，甚至没有开封，克里姆林的军队守卫着它们。但当斯大林上台后，列宁对俄国文化遗产保护所做的努力却被打消了。为了换得西方经济支持他的新政权，斯大林用这些珍贵的俄国皇室遗物去交换。1927年，这些珠宝在其他地方被重新发现。对于新政权来说，他们认为用这些珠宝去换得经济支持是最自然不过的。于是，这些珍宝被取了出来，进行估价，最后卖给西方。

由于和腐朽的罗曼诺夫王朝有着如此密切的关系，一开始，法贝热彩蛋的价值一直被低估。在他逃亡前，法贝热的儿子阿格松被革命党人抓了起来，然后又被暂时释放，帮助新政权评估没收来的皇室珠宝和宝石的价值。但阿格松随后又被关了起来，因为他们发现很难按照他说的价钱把这些珠宝卖出去。

△ 沙皇彩蛋

莫斯科克里姆林军工厂的负责人为了保护这些珍贵的艺术品尽了他们最大的努力，甚至冒着被处决的危险。但在1930年至1933年之间，还是有14只沙皇复活节彩蛋被卖出并被运出俄国。第一件出卖的物品是被派到巴黎和伦敦的大使带出去的。那个成功得到大多数法贝热复活节彩蛋的人叫阿曼德·汉墨，他在美国非常有名。他是一名成功的企业家，西方石油公司的总裁，而且是列宁的私人朋友，他父亲是美国共产党的创建人。意识到这些文化瑰宝的湮没，阿曼德·汉墨这位杰出的企业家和社会慈善人士在20世纪30年代初期带了10枚彩蛋去美国。汉墨创办起企业，并努力推广这些彩蛋。但在那个经济低迷的年代，即使是最强大的美国金融家也遭遇了很大的危机。一名汉墨的朋友曾不无讥讽地说："无疑，这些法贝热彩蛋是非常美丽的。但那可以吃吗？"

1931年，汉墨带着数千件法贝热艺术品来到纽约，为俄国新政权出售这些珍品。但那时大家都没有钱，经济大萧条，没有人对这些艺术品感兴趣。直到汉墨突然想到把这些珍宝寄放在百货商场里销售。他带着它们穿过整个北美，从东海岸到西海岸，经过每个大城市时都会找到当地的大商场，向它们的经理吹捧这些艺术品，说他怎样发现了这些珍宝，并保证它们一定会受到人们追捧的。

在美国，早期有5位法贝热作品的主要收藏者。尽管，一开始在拍卖行，每枚法贝热彩蛋只能卖到400或500美元。但几十年过去了，这些彩蛋已被视为最宝贵的艺术珍品之一。现在，每枚彩蛋的价格都在数百万美元之上。

在罗曼诺夫王朝的宫殿里，曾有过数千件法贝热的艺术珍品。如今，这些珍品大部分都散落在世界各地的收藏家手里或博物馆里。法贝热沙皇复活节彩蛋一共有50枚，现在只有10枚仍收藏在克里姆林宫，有8枚不知所终。

托普里塞湖的纳粹黄金之谜

在奥地利萨尔茨堡东南60公里的巴特奥塞附近，是怪石嶙峋、松林茂密的山区。这里有一个被称为施蒂里亚州“黑珍珠”的湖泊——托普里塞湖。这座在当地很不起眼的小水库，原本是座盐矿，长约2000米，宽不到400米，却很深，最深达103米。艰险的山路及五十余年关于它的各种恐怖传闻，使许多旅行者望而生畏，虽然他们只想好奇地看上一眼。

1945年5月初的一天，一个常在湖上打鱼的渔夫，忽然发现湖中漂浮着一张印着莫名其妙符号的纸片。捞上来后他揣摩着，莫非这是哪国的钞票？第二天，渔夫拿着那张弄干展平的纸片来到巴特奥塞的一家银行，银行付给他一笔数目可观的奥地利先令。一夜暴富的渔夫更加仔细地寻查了那个地方，他又发现了同样的纸片。于是，他接二连三地来到那家银行，终于有一天在银行付款窗口旁被两个美国军官拦住了……

不久，党卫军曾把托普里塞湖当做保存财宝的“保险柜”的消息不胫而走。紧接着传闻四起，说托普里塞湖里埋藏着党卫军攫取的黄金，即德意志帝国的黄金储备。

传闻被证实了。1944年秋天，格鲁伯被派往距萨尔茨堡不远的富士尔城堡，无意中成为一次秘密会议的见证人。参加会议的都是第三帝国的高层官员，其中包括戈培尔和里宾特洛甫（时任外交部长）。会议之后，一些货运汽车开始驶往富士尔城堡，车里装着金锭、金币、珠宝和英镑假钞。随后，车队转向托普里塞湖地区。1945年1月31日，德国财政部长曾建议疏散国家的黄金储备，希特勒表示同意。于是一列24节满载黄金、白金、外币、外国股票和帝国纸币的火车驶出柏林。

在托普里塞湖发现英镑的消息传到了当时英美军驻法兰克福的司令部。

△ 1945年，盟军在默克斯盐矿发现100吨暗藏的纳粹黄金

一个意想不到的机会使他们找到了一部分装着英镑的箱子。

当时，美军先遣部队已经进入奥地利。公路上到处都是撤退的德军士兵和辎重车队，一队接着一队。混乱中，两辆汽车被困在萨尔茨堡和林茨之间，动弹不得。负责押运的德军上尉见车辆实在无法摆脱堵塞，便命令把其中一辆车的所有箱子扔到河里去。两个星期后，在水流的作用下，那些箱子竟打开了。当地居民吃惊地看到河上漂浮着成千上万张英镑纸钞。

几乎与此同时，发现一辆装有英镑的卡车的电报从巴特奥塞传到了英美先遣军司令部里。经验丰富的假币鉴定专家美军少校乔治·麦克内利立即前往现场，发现卡车上装载着23个箱子，箱内共有2000万英镑。

美国人马上跟踪追查，发现已找到的这两辆汽车只是在托普里塞湖附近消失的整个车队的一部分，周边的居民们证实了这一情况。据目击者称，德国人把一些用白金属制成的大箱子投入托普里塞湖中，箱子上赫然写着“帝国专运”。

美国海军潜水小分队开始在托普里塞湖搜索。但是，当一个潜水员在水下意外死亡之后，搜索工作停止了。一些与帝国黄金储备有点干系却又管不住自己嘴的人先后失踪。

1946年2月，两位林茨的工程师——奥地利人赫尔穆特·梅尔和路德维格·皮克雷尔来到托普里塞湖。同行的还有一个叫汉斯·哈斯林格的人。在后来奥地利宪兵队的调查材料中，他们均被列为“旅游者”。

3个奥地利人在湖边支起了帐篷。作为有经验的登山家，他们决定登上可以俯瞰整个托普里塞湖的劳克冯格山。哈斯林格或许感到了某种不妙，或许本来就知道此举的危险性，与另两位同行了一昼夜后，半路返回了出发地。一个月后，那两个登山家杳无音讯，营救小组开始寻找。在山顶发现了一座用雪堆成的小屋，旁边有两具尸体，皮克雷尔的肚子被剖开，胃被塞到了背囊里，案情始终是个谜。后来查明，原来，二战期间这两人参与过托普里塞湖边一个“试验站”的工作，德国海军在“试验站”进行过新式武器的研制。显然，两个知情者被灭口了。

1947年，在时常出现在托普里塞湖周围的外地人当中，有一个人被指认出是前德军参谋官鲍曼。奥地利法院起诉他在战争快结束时曾从这里运走两箱黄金。但被告只承认从教堂金库里拿走过收藏的古币。

在托普里塞湖地区一个别墅花园的干枯花丛里发现了一堆废弹药，下面藏着3只箱子，里面有1.92万枚金币和一块500克重的金锭。

1950年8月，汉堡工程师凯勒博士和职业攀岩运动员格伦斯来到这里。他们试图爬上雷赫施泰因山南坡的一处峭壁，因为从那里观看托普里塞湖可谓一览无余。结果，格伦斯失踪了。他身上的安全绳“意外”地断了，凯勒博士做了见证，而不久他也突然失踪了。格伦斯的亲属进行了私人调查，他们注意到，失踪的凯勒博士战时曾在党卫军服役，担任潜艇秘密基地的负责人。回想起来，正是潜艇军人才有可能与托普里塞湖边的“试验站”发生瓜葛，才有可能成为转运和储藏帝国财宝的同伙。

△ 盟军发现的纳粹最大的地下宝藏

同年夏天，3个法国学者光顾了托普里塞湖。他们操着半通不通的德语在旅馆开了一个房间，然后前往当地警察局，出示了一封奥地利因斯布鲁克市军方开出的介绍信。信中说，该3位法国学者专门研究阿尔卑斯山区湖泊的生物，他们需要潜入托普里塞湖湖底，请求当地警察机关在法国学者的科考过程中给予支持。

奥当地警察局毫无保留地批准了3名外国人在托普里塞湖的考察。3个法国人返回的那天，他们迫不及待地把4只沉甸甸的箱子装到汽车上，慷慨地付了小费后便原路而返。

当旅馆经理到银行兑换从3位学者手中得到的外币时，银行发现竟是假币。因斯布鲁克市军方对那封所谓的介绍信也是一无所知。旅馆的女服务员事后来到警察局反映说，她听到过3个“法国人”说着一口地道的汉堡方言，这3个人很可能就是前德军“试验站”的专家。

1959年夏，掩盖“杀人湖”秘密的帷幕徐徐拉开。由联邦德国《明星》周刊资助的潜水队获得了在托普里塞湖潜水作业5周的许可证。工作进展得相当顺利，从湖底打捞出15只箱子和铁皮集装箱，在里面发现了1935年至1937年版的5.5万英镑假钞。这次打捞使当年的“伯恩哈特”行动真相大白，那是一场罪恶的欺诈——印发大量假币扰乱希特勒德国的敌对国家的金融秩序。

昔日党卫军冲锋队员威廉·赫特尔积极参与了“伯恩哈特”事件。20世纪50年代中期，这位受人尊敬的德国公民在距托普里塞湖不远的一家私立学校任教。每天晚上他都坐在当地一个名叫“白马”的酒馆里，叫上一杯白葡萄酒。战后除了有两年被关押在美军的战俘营里外，他所有的日子都是在托普里塞湖边度过的。

正是这个赫特尔，在规定期限前的两周，迫使《明星》杂志资助的打捞行动半途中止。

事情发生在1959年8月27日。那天，打捞队捞上两只标号为“B–9”的箱子，里面有第三帝国安全总局的文件和集中营犯人花名册。然而取代对打捞成功的祝贺的，却是一封口气严厉的电报：“继续滞留在那里不妥，立即停止搜寻。”据说是因为资金短缺，可就在几天前，《明星》杂志还为打捞活动追加了3万马克资金。正如人们估计的，《明星》杂志被巨款堵住了嘴，堵嘴的正是那些不希望第三帝国的某些秘密被公开的分子。随后奥地利内务部代表赶紧出面证实，箱子里“除了英镑假钞外别无他物”。在其后的一次新闻发布会上也宣布，“在文件中未发现希姆莱（盖世太保头子）日记一类的东西”，颇有点“此地无银三百两”的意思。

但是，那些装着一吨重的金锭和其他珍宝的箱子到底在何处呢？《明星》杂志资助的打捞队的策划者认为“就在附近某个地方”。

除了赫特尔外，20世纪50年代中期住在维也纳的M.欣克女士也知道托普里塞湖的秘密。战时她担任过党卫军分队长瓦尔特·谢伦伯格的私人秘书。在欣克的帮助下，赫特尔向联邦德国的一位政界和银行界活动家通报了打捞托普里塞湖沉箱的危险性。因为在托普里塞湖里除了藏匿着假币外，还藏匿着德国秘密机构的间谍名单和这些人参加过的行动指令的专案文件。奥地利《人民之声报》指出，其中的许多人现今在各自的国家里都是堂而皇之的公民，他们潜伏在政府、议会及著名银行和公司的董事会中。就是在奥地利的一些要害部门里，也有不少人不希望公开托普里塞湖的秘密。更何况在湖里有可能藏着一些瑞士银行的秘密账号，这些银行至今还保存着纳粹分子劫掠的财富。

1963年，前抵抗运动参加者，奥地利人阿尔布雷克特·盖斯温克勒打算申请获得在托普里塞湖搜索的许可证，立即遭到新法西斯组织的恐吓。大概格拉茨（施蒂里亚州州府）的政府部门也受到了威胁，盖斯温克勒的申请被拒绝。

1983年初秋，又一桩莫名其妙的悲剧发生在托普里塞湖。三名联邦德国旅游者中的一位——慕尼黑潜水运动员A.阿格纳不顾当地政府的禁令，潜入湖底，漂上来的却是他的尸体。调查发现，不知是谁割破了他的氧气管。

△ 纳粹财宝藏哪了

这次事件后，奥地利当局制止了一切在托普里塞湖的民间业余潜水活动，除非持有特别许可。

1984年11月，联邦德国考察专家汉斯·弗里克教授宣布，他将乘特制的微型潜艇探查托普里塞湖。11月15日，奥地利一家报纸披露，汉斯·弗里克乘特制的微型潜艇在水下80米处发现了假英镑，并打捞上一些水雷、轰炸机骨架、带水下发射装置的火箭破损部件等。可是关于大家都关心的第三帝国的黄金却只字未提，弗里克本人对此保持沉默。有人据此说，弗里克与联邦德国情报部门有密切联系，教授考察的资金来源也是个谜。持续了几个月的考察活动每天需3万先令的支持，而出面组织考察的联邦德国科学考察学会不曾为弗里克支付过一个马克。

发生在托普里塞湖的这一系列事件引起了奥地利政府的警惕，当局决定把托普里塞湖的探查工作置于自己的管理和监督之下。

1984年11月，奥地利军队的考察专家们开赴托普里塞湖。宪兵队在所有通往湖区的大小路上实行戒严。专家们在湖底发现了假币，还打捞出一枚长3.5米、重1吨的火箭。沉在水底40年之久的金属骨架竟没有一点锈蚀的痕迹，这使专家们感到惊讶不已。

在湖西南部的湖底，奥地利扫雷部队的专家们借助探雷器和检波器发现，湖底可能有大量金属存在，金属集中在大约40平方米左右的范围内。是黄金还是地下弹药库？对此，奥地利侦查部门人员表示，目前还很难确定，到底是湖底原有的稀有金属，还是发现了第三帝国埋藏的黄金?

奥地利军队的考察专家们收获颇丰。在距湖岸仅70米的环湖山岩的峭壁上发现了一个似乎是地下仓库的入口，但遗憾的是入口已被炸毁。专家们找到了有关的见证人，得知战争结束时入口还未被堵上，此人曾钻进洞口，顺着坑道爬进了一个人造的大山洞，里面放着写着“易爆品”的箱子。战时确实有一批囚犯被押解到托普里塞湖修筑地下工程，这些囚犯在湖底水下开凿过水平坑道及一些入口。

1985年掀开了托普里塞湖寻宝的新一页。萨尔茨堡工兵小分队试图从森林密布的湖南岸进入湖底的地下坑道。但是，当专家们推断，希特勒分子有可能在通往财宝埋藏处的坑道里布下地雷之后，所有的考察活动便很快停止了。结果，这“阿里巴巴山洞”里到底有什么始终是个谜。

从那时起，再也没有谁在托普里塞湖寻宝的事情上跃跃欲试，有关托普里塞湖藏宝的故事只好画上一连串的问号和删节号……